文化叢刊

中國的自由傳統

狄培理（William Theodore de Bary）著・李弘祺譯

《中國的自由傳統》出版三十年敘感

李弘祺

一九八一年我在香港中文大學教書，突然接到了一封狄培理教授寫給我的信。我當時雖然知道他是誰，但是與他並沒有來往，因此他的來信對我來說是非常意外。他首先告訴我說他正在籌備一個有關宋代儒學教育的會議，希望我可以參加。他也告訴我說，他會在明年到新亞書院主持錢賓四講座。

狄培理先生在哥倫比亞大學教授中國思想及文化已經多年，又曾出任美國亞洲學會的主席，以及哥倫比亞大學的學術副校長，所以研究中國的學者都知道他。他所編纂的《中國傳統資料集成》（*Sources of the Chinese Tradition*）在當時更是英文世界要讀中國思想及文化的原始資料最重要的參考書。因此新亞書院邀請他來主持錢穆講座，這是很當然的事。至於我，由於還是相當年輕的講師，所以他的來信當然令我受寵若驚。

我接到他的信之後，即刻與當時新亞書院的院長金耀基先生聯絡。金先生很高興，就請我幫忙安排有關演講的事。金先生也問我狄先生的中文名。當時正好臺灣大學的黃俊傑先生翻譯了一篇狄先生文章（是哪一篇我已經不記得），文章稱狄先生為狄百瑞。由於黃先生在臺灣以提倡研究儒家著名，因此我以為他一定與狄先生有聯絡，或至少會知道狄百瑞這個名字是狄先生使用的中文名，所以就把這個名字給了金院長。於是狄百瑞這三個字就進入了中文世界，尤其是他的演講集出版之後，他更以這個名字在華語地區流傳了三十年。我在一九九一年離開香港，應聘到紐約市立大學，於是跟狄先生有了更密切的來往，有一次我們談起他的《中國的自由傳統》，他這才告訴我說，他的中文名其實是狄培理，是當年他還在北京時，錢賓四先生替他取的。所以現在我們把他的名字還原，畢竟它更能表現出他研究宋明理學的特色。

我個人研究的是中國教育史，而且方法上也很接近思想史（我的《學以為己：傳統中國的教育》中討論教育思想史的部分最長），所以在國際學界的認知裡，我與儒家思想當然有不可割捨的交纏關係。我因此不能說我對狄培理的作品及觀點不熟悉，但是狄培理對中國文化及思想的態度和解釋與美國學界的主流有一定的距離。這是我之前與他沒有什麼來往的原因。

狄培理與故陳榮捷先生有長年的合作，因此他們兩人在研究方法及視野上有密切的關連。我不能說他受到陳先生的教誨，但是他們兩人都認為要研究中國，那就應該從中國人自己的關懷開始，從閱讀原典的心得中，嘗試用英文來了解並表達出來。

在狄培理早期的研究中，這種方法論與當時西方流行的「現代化」理論或關心是有扞格的。他特別對當時流行的所謂「韋伯問題」感到不耐。韋伯有關資本主義的興起的說法為學界所廣汎接受，但是它引發兩個問題，一個是資本主義是不是可以看作是現代經濟及社會的基礎價值，而因此視作等同於現代化。另一個是中國沒有發展出資本主義，這是不是因為儒家思想缺乏超越的宗教倫理。就前者言之，一般學者都認為可以接受這樣的引申說法，直到近二十年才漸漸有人提出批判。至於後者，中國的儒家或傳統思想是不是真的妨礙了中國的近代化？學者說法不一。研究中國的主流學者大多認為儒家的確妨礙了中國的現代化。一九八〇年代以後，由於亞洲經濟開始繁榮，產生了四小龍，所以有幾位哈佛的教授就起來主張儒家對亞洲的現代化是可以做出正面的影響的。一時之間，《日本第一》傳遍世界，因為日本是儒家文化圈的國家。這些學者甚而主張中國共產制度會帶領中國終於進入現代國家的行列。不過有的學者則認為中國的傳統雖然可以發展出素樸的現代價值、促成現代化萌芽，只是這個歷史使命不完全是由儒家帶領，而更可能是由新道教或佛教禪宗來開拓途徑。這兩個價值系統都具有真正的宗教性；它們才能用來說明明末中國商人精神的起源。

以上這些學術論述固然十分吸引人，甚至對中國的外教傳統做出原創性的解釋，但是狄培理則避免捲入這場爭辯。他認為這個「韋伯式的問題」根本就是問錯了問題。他認為研究中國的學者應該避免用西方的尺度或關心來測度中國人的價值。現代化的課題顯然不是中國文化的中心關懷。

於今看來，他對中國文化和思想的態度顯然是比較正確的。他的方法論有點像錢穆以降許多中國的保守學者所提倡的「國學」。錢穆等思想家強調中國人應該珍重中國自己的學術傳統，對西方的理論和研究採取批判的態度。雖然狄先生同情中國國學的見解，也接受一個內在於中國傳統來了解中國文明的態度，但這並不表示他認為學者應該只專注於中西文明的相異，或甚至於完全揚棄西方的理論。例如西方人所非常重視的「自由」（liberty或freedom）觀念對所有西方的學者都是非常重要的關心；我們很難期待他會對這樣的永恆關心不予置喙。作為一個西方人，狄培理對明代讀書人強調的自我約束和期許因此感到非常興趣。因為它們正與「個人的自由」有密切的關係。

本來在西方，自由常常與法律綁在一起，指的多是政治上的自由，在他們看來，所謂的自由當然不外是人權的保障——以及由此得到的自由。這樣的自由有強烈的功利性。如果純粹從這個角度來討論自由，那麼顯然的，在傳統中國根本談不上有「自由」。

然而，西方思想家也重視個人的自由。他們從康德所說的人的自主性來入手，認為人有獨立的能力可以追求真理，並在追求真理的過程中享受從人欲解放的道德自由。這樣的自由常常是自我個人的道德關心，比較不重視政治的行動或群體的考慮。

以上兩種對自由的不同詮釋為一般讀思想史的人所熟知。狄培理在一九七〇年代，因為對明末思想的研究（一九六五年出版了《明代思想中的個人與社會》*Self and Society in Ming Thought*），深深感受到明代讀書人也在追求內在道德的自主性。

這是作為西方人的他感到振奮不已的發現。在他看來，明清學者追求的完美生命境界經常與自我的內斂相連在一起。他在這本書中，對「自得」、「自任」乃至於「自然」這些觀念做了深入的耙梳，說明儒家追求自由的途徑：就是道德個體的完成。在他看來，這種個人成聖的境界不正就是真正的自由嗎？

狄培理對明末的研究源起於他的博士論文是寫黃宗羲的《明夷待訪錄》。近代世界對這本書的興趣應該從清末的譚嗣同、梁啟超等人開始。民國以後，它成了知識界廣汎稱頌的作品。狄先生到中國讀書，最早接觸的是錢賓四先生，而卻對《明夷待訪錄》產生興趣，顯然是他出自西方文化的關心，因為錢先生對他的同鄉黃宗羲的中國史觀是採否定的立場的。狄先生果然在詳細研究明末思想之後多年才回去把他對黃宗羲的研究以及所翻譯的《明夷待訪錄》出版（一九九三）。換句話說，當他來主持錢穆講座的時候，他仍在摸索如何論定黃宗羲的思想。他除了參考中國學者的看法之外，也廣汎閱讀日本儒學的作品，希望能得到一個比較持平的評價。他認為中國近代學者對理學與心學的分野論述似乎難以提供一個充分的背景，以滿足了解黃宗羲的思想脈絡。他在《道學與心學》（*Neo-Confucian Orthodoxy and the Learning of Mind-and-Heart*, 1981）一書中因此開始探索黃宗羲如何悠游於道學與心學之間，而成就他能同時提出對傳統中國政體的制度性批判，及建構心學基礎的「自得」，即道德上的自由。《中國的自由傳統》對黃宗羲的詮釋正好反映了他在這一個階段的心得。相同的論點在十五年後的天訥講座（Tanner Lecture）又提出來。這時他已經出版了英譯《明夷待訪錄》，因此可以認為他對黃宗羲的研究已經有了定論，而這個定論在錢賓四演講中首度成型。

當然，他並不滿足於單純的中國式「自由」和「個人主義」。他的分析是取頑強的中國專制政體為例，承認中國的「自由傳統」的確是「一根脆弱的線，十分細小」，稱不上是一個「傳統」。這樣的自由傳統是有重要的限制。然而，狄培理認為中國的「道統」觀應該會不斷地提醒中國人應該回去重新把握或擁有儒家的道。他把「道統」翻譯為“Repossession of the Way”（重新擁有道）不外就是這個意思。

有趣的是就在這時美國的學界興起了一個有關宋明理學是不是應該稱為Neo-Confucianism的爭論。雖然我認為這不是一個有特別意義的爭論，不過因為它事關我和其他兩位譯者翻譯《中國的自由傳統》時，使用「新儒學」來翻譯Neo-Confucianism的選擇，因此必須在這裡做一個簡單的交代。Neo-Confucianism這個詞早在十八世紀已經出現，後來馮友蘭也用中文的「新儒學」來泛指宋明以降的儒學。狄先生沿用這個Neo-Confucianism，因此我們把它翻譯為「新儒學」。但是就在《中國的自由傳統》出版之後不久，田浩（Hoyt Tillman）教授提出用「道學」替代「理學」以及Neo-Confucianism的主張。本來這是程朱學術（一般稱為理學）與更為廣泛的宋代儒學者的思想及事工間的關係問題；在田浩看來，理學家其實與宋人自稱的道學家應該一視同仁，都一體稱為道學比較合宜。

田浩的主張與Neo-Confucianism的用法因此並沒有直接的關係，因為用Neo-Confucianism這個名詞的人是合理學與道學為相通的同一個思想潮流來說的，因此如果專就宋朝而言，它與「道學」當然也可以相通。但是田浩教授認為既然中國人有這麼一個現成的名詞，那就使用它就是。對田浩的說法，狄培理則認為Neo-Confucianism可以適用於明清的儒學，而「道學」就顯得略遜一籌。他認為明清時代，不管是理學或心學，兩者至少在思想上有內在的關聯性，因此通用Neo-Confucianism是講得通的，而「道學」就缺乏這個優點。事實上，在英文學界，「道學」也已經被用來單指程朱的「理學」了。狄培理在一九八一年出版的《道學與心學》（*Neo-Confucian Orthodoxy and the Learning of Mind-and-Heart*）就是用「道學」來指程朱的正統。它指的正是我們一般稱之為「理學」的思想傳統。因此籠統使用「道學」來稱明清儒學思想會引發混淆。

這裡不就這個爭論做進一步的探討，因為我的目的是簡述這三十年來狄培理的心路歷程，而不是做是非優劣的分梳。何況這個爭論說起來還是一個屬於第二層次的學術課題。但是這裡可以指出一點：就是在狄培理的心中，黃宗羲正是最足於代表這個有包容性特質的Neo-Confucianism思想運動。

那麼，Neo-Confucianism是不是應該繼續翻譯為新儒學？這不幸仍然是一個問題。因為大約就在狄培理來香港演講的同時，「新儒學」這個名詞卻開始被許多人用來稱呼熊十力、牟宗三、唐君毅以降的一系列恢復儒學的思想運動。於是用「新儒學」來翻譯Neo-Confucianism近來又產生另一層的紛擾。我曾就這個問題問過狄培理先生，希望知道他的看法。不過很可惜，當時我們推敲一番之後，竟然沒有結論。以我個人的看法，用「宋明儒學」來翻譯Neo-Confucianism或許是可行之道。

近三十年來，狄培理先生轉而關心教育（特別是所謂的「通識教育general education」；其實他主張應該推動的是「核心課程core curriculum」或中古歐洲的「自由教育liberal education」）思想和課程。在他看來，教育最應該追求的是他一生關心的內斂自得的自由，以及學以為己的解放境界。就嚴謹的學術作品言之，《宋明儒學教育：形成的階段》（*Neo-Confucian Education: the Formative Stage*, 1989）最足代表他的努力。而代表他對教育的成熟思想的則是《高貴與文雅：亞洲的領導力與公共幸福的理想》（*Nobility and Civility: Asian Ideals of Leadership and the Common Good*）一書以及他近年來繼續推動的哥倫比亞大學的核心課程。這些書都反映了上述中國自由傳統的教育信念（本書第三章）。

最後，我也必須提到他對人權的主張。他在二〇〇〇年出版的《亞洲價值與人權》（*Asian Values and Human Rights*）書中，繼續他在《中國的自由傳統》最後一章對中國專制政治的批評，並堅持說中國思想傳統絕不乏對專制政權以及對個人人權的探索，西方不應該僅用法制的規範來衡量人權思想的存在與否。

從以上的討論我們可以看出他對中國文化的解釋一貫地著眼於個人的自得、自發與自由，以及道德涵養所可以帶來的解放成聖的內在功夫。他認為這樣的思想傳統可以與西方藉由社會的積極性努力（例如努力克服自大〔hubris〕及罪惡感，或參與創造公民社會〔civil society〕及法律規範的行動綱領〔例如穆勒及柏林（Isaiah Berlin）所主張的以界限來定義自由的範圍〕）來保障自由的主流想法相互補充。他又認為中國的「道統」觀念會繼續鼓舞儒學中自由理想的「再擁有」，並對世界文明做出有意義的貢獻。西方教育應該積極地從「中國的自由傳統」中汲取精神來替自由教育補充養分，作為大學教育中的「核心課程」。

有一次在研討會課堂上，他提到了莫頓（Thomas Morton）。他說，莫頓與他同是天主教徒，又在哥倫比亞大學同學。他說他們兩人當時都在努力追求人生的理想和可以依歸的真理。後來莫頓在天主教找到了人生的歸宿，變成了非常有影響力的修道士思想家，而他自己則在宋明儒學中找到了有意義人生的方向。我想這一點應該是一個真誠的表白。但是狄培理先生終其一生也保持他的天主教信仰。他在哥倫比亞的辦公室離校內的聖保羅教堂很近，經常會在中午休息時去那裡禱告。旅行在外，他夫婦也一定會去找可以彌撒的地方。對他來說，東西文明最高的極致必然是一貫而無間的。通過宗教性的感受，一定會達到暢通無阻的圓融。有時候，我真是覺得他對東西文化的闡述和憧憬甚至勝過許多中國學者們所斤斤計較的學統和它們所衍生的我執。無論如何，兩位哲人的人生都充滿值得我們學習或反思的經驗。

在結束這一段對狄培理過去三十餘年的心路歷程之前，我應該也討論一下我個人對這本書的意見。坦白地說，我個人對於狄培理先生的努力固然感到非常欽佩，但是對他所謂的「自由傳統」當然不是沒有保留。黃宗羲《明夷待訪錄》的思想本來是政治性或社會性的，指向的是大公的天下，但是狄先生把他對建構理想世界的想法與他的「自家體貼出來」的求道方式連接在一起，並且認為這樣的功夫不僅能合道學與心學之異，也認為這就是達致個人自由境界的根本。這個說法相當引人，但是不可否認的就是它留有一個問題：個人自由的理想和道德獨立的探索應當勝過或先於肇制法律規範的社會性事工嗎？這個問題本來是近世以來西方思想家左支右絀的窘局。在我看來，中國傳統對於這個問題的探索是付之闕如的，沒有就道德獨立的自由拿來與黃宗羲天下為公的制度性思考結合在一起。因此狄先生的意見似乎還是西方的本位探索，而在這樣的過程中，顯出他對所謂「消極的自由」的不耐。我認為這個跟他是一個天主教徒或許有關係。在天主教或基督教的神學裡面，自由和真理有密切的關係。他們認為人如果能與信仰的對象（基督）合一，那麼他就會得到自由。這個說法其實與孔子所說的「從心所欲，不逾矩」的境界非常相同。如果用前教宗本篤十六世（Benedict XVI）的話來說，那就是說否定上帝，人就無法建立自由；拋棄了純真與深刻的宗教傳統，人就與真理隔絕，他的生活就與真理決裂，而變成不自由。

教宗這樣的境界當然遠遠高過「消極的自由」，而的確與狄培理先生所詮釋的中國的自由傳統非常近似（只是中國的傳統不好稱之為宗教就是，但是狄培理在書中畢竟也提出了「宗教性」的觀念）。不過，如果黃宗羲的書未能如同盧梭那樣提出一樣深奧的自由理念，至少他卻真誠地要在現實的世界裡，找到一些明白的「職分」，或先於「治人」的「治法」。對這些社會政治的、屬於法律制裁層面的構想，我認為狄培理應當也相同重視。柏林認為「消極的自由」比「積極的自由」更為實際而且不會像後者墮入專制的陷阱。可惜，狄培理先生對此缺乏論列。三十多年了，我還是覺得狄培理先生未免過於美化中國讀書人的政治理念了。

在這本書出版了三十多年以後的今天，反思一位哲人的心路歷程是一個非常有意義而又具挑戰性的經驗。顯然地，狄培理先生早在主持錢賓四講座的時候已經替自己學術的途徑和信念畫出清楚的輪廓，但是他卻用之後的日子孜孜矻矻地用更深刻的思考來替它們上色，並在教育實踐中把它們帶進真實的世界。這是一個多麼有意義的生命。參與他這一個中西格義，不斷深刻反省的禮拜，更是一個充滿興奮和甜美的歷程。

最後，我必須在這裡恭喜狄培理先生榮獲二〇一六年的唐獎。這是他繼二〇一三年榮獲美國人文獎之後又一個榮譽。這是何等的光榮，又是何等的成就！同時，我也感謝楊儒賓教授答應替這本書寫新的導讀。中西思想的交互詮釋與交流，就在這裡各自以恢弘的同理心，作出美麗而引人的對話。

導讀

楊儒賓

《中國的自由傳統》一書是當今漢學名家狄培理先生於一九八二年應香港中文大學之邀，擔任錢穆講座的五講演講詞組合而成，原本的講詞為英文，經李弘祺、黃俊傑與曾堉三位教授譯為中文後，隔年由聯經出版公司出版發行。在狄培理教授的著作中，本書的篇幅不算大，但卻是很受矚目的一部書。當代學者論及儒家與自由主義的關係時，《中國的自由傳統》仍是不能跳過的重要參考著作。

狄培理先生這部著作所以引人注目，關鍵點在於他對理學作了極富現代意義的定位。他以往編纂的理學研究著作，總會讓理學這個承襲古老中國儒學傳統的學派放在當代的世界，與東亞諸國的儒家傳統，或與當代西方世界關心的議題如個人、社會、實踐等產生對話。本書也是如此，理學的「自由傳統」也是一種重新定位。

書名沒有用到「自由主義」，但全書中不時可看到對「自由」與「自由主義」作詞義上的梳理，作者有意讓理學與西方自由主義的傳統匯聚、交流、溝通，用心是很清楚的。

「自由」一詞由「自」與「由」兩字構成，在中國思想傳統中，凡由「自」字構成的語組通常都有較深刻的意義，而且常指向一種非關外力、由自己本性所發出的理想狀態，通常也有傳統中國文化氣息的玄遠之學的底蘊。莊子說的「自適」指的是一種滿足於自己生命而不是符合社會禮法的標準，就像鞋子舒不舒服要看合不合適自己的腳的具體狀態，此事只有自己了解。在理學傳統中，除了「自由」一詞外，狄培理先生還舉了「自然」、「自任」、「自得」三個詞語為例。狄先生舉這三個流行的理學術語為例，意指理學核心的關懷在於如何活出真正的自己，這樣的學問名為「為己之學」。「為己」一詞出自《論語》的「古之學者為己，今之學者為人」，「為己之學」的要求使得人生所有的知識都與自家的性命有了連結，凡不能連接的即是外於生命的「為人之學」。「為己之學」的知識不管其內容相去多遠，在《小學》書中，它們分成「立教」、「明倫」、「敬身」三類；在朱子與呂祖謙編的儒門教科書《近思錄》中，這些知識從「道體」到「聖賢氣象」，共分成十四類；在有名的《大學衍義》與《大學衍義補》中，幾乎所有與人文社會有關的知識都可歸入《大學》這一本書分類的體系中，也就是從最內在的「誠意」、「正心」直到外延最廣的「治國」、「平天下」。這些廣泛的知識看似不相屬，但透過「為己之學」造成的意義的轉換，這些知識因此都變得具有道德的內涵，也都具有「我屬」的關聯性，理學家這種知識分類與今日圖書館所依循的標準大異其趣。

相較於中國另外兩個大的思想體系：佛教與道教，儒家明顯地帶有更濃厚的此世性質，用莊子的話講，也就是「方內」之學的性質，所以它對世間的知識不可能不重視。但世間的知識帶有「為世間」的屬性，它容易在與世間事物的勾連牽引中，喪失掉意義感。透過了「為己之學」，理學達成了知識性質的哥白尼迴轉，知識意義化了，知識也主體化了。用朱子及陳淳（北溪）的話講，這樣的知識之理就有「當然」的屬性，也有「必然」與「自然」的屬性。

「為己之學」會變成理學知識重要的特質，其關鍵和理學家對於人有一種新的理解有關。理學家不管是陸、王心學或程、朱理學，他們理解的人的本質縱然有極精微的差距（可歸類為「心即理」與「性即理」之別），但他們都相信人的本質和世界的本質是緊連在一起的，而人的本質和現實的人是有差距的，所以人在道德上該做的事就是透過一連串的修養工夫，變化氣質，以期彰顯人的本性。但因為這樣的彰顯不是被認為外添的，而只是回復原初蘊藏在深層意識中的本來面目，這樣的理論就是復性說。朱子的格物窮理說的最後階段「眾物之表裡精粗無不到，吾心之全體大用無不明」；王陽明致良知最精微的階段「無聲無臭獨知時，此是乾坤萬有基」，所指的都是這種天人交合的層次。

理學家因為在世界的本質（太極）與人的本質（人極）之間找到聯繫點，所以「為己之學」在原則上都是使自己的本性充分發展的知識，但也有參贊天地化育的功能。陸象山說：「宇宙內事乃己分內事，己分內事乃宇宙內事」，這種內外通融、天人交會的敘述在先秦儒學的《孟子》、《中庸》、《易傳》中很常見；在宋明理學家的著作中，更是成為共識。狄培理先生引佛蘭克（Charles Frankel）界定自由主義的第四項特點為哲學的自由主義，此種哲學的自由主義主張「理性探究方法的優先性」。他提醒讀者道：任何人認真探討儒家價值與西方自由主義之異同時，「都應該涉及兩者之間的重要不同」。從理學家的觀點看：「自由」的本質不是透過理性的方法完成的，而是由人性的深化，成己成物，層層朗現，才可達成的。

理學家說的「為己之學」和主體的深化以及天的體證分不開，天的體證也可以說是天理的體證，程顥曾說過一段名言：「吾學雖有所受，天理二字，卻是自家體貼出來。」體貼天理的「為己之學」是條終身努力不懈、工夫無限延伸的路程，這是所有理學家共同分享的理念。但理學家的「為己之學」的另一大特色，在於它的「為己」要去除掉私欲的我性，也就是要做到孔子所說「毋我」，讓自己的本性和個體我之外的他者有種合情合理的連結，這樣的「己」才會更完整，它既更滿足社會的期盼，也更滿足自己的要求。換言之，越自由的人越有共感的能力，越自由的人越能承擔人與人、人與物之間共同的臍帶。理學家幾乎都有論「仁」的言論，這些言論都顯示仁學就是有「倫」有「理」的倫理學，一種可稱作「相偶」的原理就內在於人的本質之中。為了滿足於「為己之學」中不能自已地對世界的關懷，理學家也都會以不同的方式強調人的自由發展必須去除掉環繞褊狹自我的意、必、固、我，也要與構成社會關係原理的「禮」連結成批判性的合理關係。

宋明理學家中凡被視為反禮的人士，如爭議性很強的李卓吾，其反禮都只是第二義的，在根源的意義上，都不可能不承認人的自由與社會的秩序（可泛稱「禮」）是分不開的，反過來講，任何合理的社會秩序也都不能脫離每個人發展本性的前提，這是理學家版的「自由與名教」的合理圖式。李卓吾的「儒教的叛徒」的封號是後人封的，既不符合李卓吾的本心，也不符合實際的歷史圖像。本書第三講論理學家的「個人主義」的觀點，作者從「為己之學」、「聖人之學」、「自任於道」一路迤邐而下，將新儒家思想中的「個人主義」內涵發揮得淋漓盡致。讀者如果從「仁」與「禮」的觀點切入，應該也會從另一種思路，達到本書作者所達到的結論。

本書論理學家的自由傳統很注重「道統」的觀點，由於在近代中國，「道統」一詞常被政治有力人士綁架，狄培理先生提出的這個論點很值得重視。儒家「道統」的內涵在南宋之前，比如程頤、韓愈、孟子都已隱約提過。但完整的圖像無疑有待朱子提出後，才成為理學的重要概念。朱子提出「道統」概念有雙重的目的，它既要建立一種可以抗衡佛教勢力的儒家版的道之統緒，使儒者在歷史的流變中可以找到明確的安身立命的位置。另一方面，它也要建立一種可以抗衡秦漢大一統後的政治力量的阿基米德點。面對著日愈集權的政治趨勢，儒家需要一種更具有動員力道的精神王國的圖像。從朱子之後，儒者自身有一種明確的身分歸屬，其地位超越於政權之上，如呂坤說的理勢之爭：「故天地間惟理與勢為最尊。雖然，理又尊之尊也。廟堂之上言理，則天子不得以勢相奪。即相奪焉，而理則常伸於天下萬世。」道統意識是儒者維持「道」之尊嚴的重要精神力量，有了道統，才有根本性的批判可言。呂坤認為儒家一直有理重於勢的傳統，誠然如此，我們在孟子論「天爵」與「人爵」的地位的高低，或荀子論「奪然後義，殺然後仁，上下易位然後貞」的敘述中，都可找到明明白白的敘述。但無疑的，「道統說」的提出還是讓已夠清楚的主張更清楚了。

狄培理先生在第四講中特別提到黃宗羲的《明夷待訪錄》，此書可以說就是道統意識對中國歷代專制政權的總批判書。黃梨洲《明夷待訪錄》此書在清末民初發揮了極大的作用，它吸引了當時中國第一流的知識人如章太炎、梁啟超等人，投身於革命或維新的工作。也吸引了後世海外重要的漢學家，如島田虔次、溝口雄三與本書的作者，使得他們看到理學與當代世界的銜接點。《明夷待訪錄》透露出的道德勇氣與高超見解很感人，但這本書的觀點不是理學傳統的例外，而是更集中的表現而已。差不多同一時間，我們看到另一位王陽明系統的學者唐甄也寫了一本名為《潛書》的政治批判書，其論點一樣犀利火辣。如果沒有道統說先做好理論的鋪路工作，我們很難相信明末的儒者會寫出如此成熟而且甘冒政治大不韙的著作。

狄培理先生《中國的自由傳統》一書平易近人，具體活潑地呈現了一種既具有儒家特色而又和西方自由文化相容的理學家面貌，這樣的自由傳統在個體與社會、自由與規範、內在與超越、歷史與政治之間作了極佳的連結。作為錢穆講座的講者，如果說錢穆先生的關心著重於中國思想本身之特色，狄培理先生更著重的則在中、西文化間共享的精神價值。但在論及共享的成分時，我們也看到狄培理先生對兩者之間的異同仍保持一定的警覺，本書表達的自由傳統仍是新儒家的「為己之學」的傳統，而不是英美式的，或是康德式的自由主義的類型。

「自由」一詞雖是中國固有的語彙，但它現代的意義是在二十世紀初期開始流行的，而且很迅速地即成為重要的學術語彙。狄培理先生此書刊行於上世紀八〇年代，「自由」、「自由主義」在當時早已馴化為重要的文化慣用語，但以「自由傳統」定位宋明理學的著作極少。一九八二年的中國雖處於改革開放時期，但上距批孔揚秦時期不到十年，從五四以來以「封建」一詞界定儒家價值體系的氣氛仍在。海外的新儒家雖然在政治上一貫主張儒家與自由主義沒有基本的矛盾，而且還可以深化現代的民主政治，但哲學家之言常被政治上的有識之士所忽視。當時流行的「自由」、「自由主義」諸詞，基本上是和政治異議分子或反文化傳統主義者綑綁在一起的西方價值取向的概念，雷震辦的《自由中國》這本雜誌與張佛泉的《自由與人權》這本書曾長期被追求政治現代化的人士視為反對運動的指南針，兩者都以

「自由」命名。狄培理先生在大中國地區面臨轉型的階段，堂而皇之的提出儒學與自由主義的本質性關聯，其說在今日似已成為常識之言，在當時毋寧是極有膽識的洞見。而「儒家與自由主義」的連結所以不再顯得突兀，狄培理先生此書更無疑居間發揮了一定的作用。

此書初版至今逾三十年，三十年為一世，這一世是乾坤歲月的小週期，卻是人間歷史的大滄桑。冷戰體制結束了，政治烏托邦的共產主義固然失去了往日的光彩，但西方的民主國家也面臨空前的危機，海峽兩岸仍處於艱困的調整期。尤其今日共產中國以大國之姿崛起西太平洋之濱，以儒家符號融入具有中國特色的社會主義的統治管理，這樣巨大的轉身動作在三十年前是非常難以想像的。正因這種轉身動作之巨變，影響之深遠，《中國的自由傳統》一書所提到的昔日的老師宿儒所追求的具有真正精神價值高度的自由理念，更值得我們仔細辨識，就像本書一再提及的理學入門書《近思錄》所期待的那般「博學而篤志，切問而近思」，任何以儒家之名行於世的政治措施都需要接受儒家的價值體系的檢證的。

目次

引言

當我接到邀請承乏一九八二年度的錢穆講座時，雖然很懷疑我是否能勉孚由中國學術界中這個偉大的名字所激起的期望；但被邀約來參加這個聲譽卓著的講座，這項殊榮本身就足以使我接受了。而且，我也有著強烈的個人理由來承乏這項責任——過去許多年來，錢賓四先生透過他的著作一直是我的老師。雖然其他學者也在這種方式下教導我，但錢先生在引導我研究中國思想上則是為時最早而且影響最深的一位。任何人接到以這樣一位久施教澤的師長為名的邀請時，他當然是不會加以拒絕了。

在我心中錢穆先生傑出的學術貢獻與十七世紀一位學者黃宗羲是結合在一起的。在我開始研究中國文化之後不久，黃宗羲就吸引了我的注意。這已是一九三七至一九三八年間的事了，當時大多數人都以為只有從事與傳教工作有關的人才會想研究像中國這麼一個不關緊要的題目。但當時在紐約及哥倫比亞大學，對中國研究的興趣正如同宗教一般，具有政治色彩，我和保羅．羅布森（Paul Robeson）及其他人同學，他們的言論激進，我與他們一樣也同情社會主義，對於毛澤東正在進行的革命鬥爭具有一種年輕人的熱情。後來，當我與同時代的其他人目睹歐洲的變局後，開始有了覺醒——史達林的整肅行動出賣了革命的理想，希特勒與史達林的協定使第二次世界大戰的暴行更形放肆，納粹和蘇聯軍隊宰割了歐洲，四處屠殺猶太人。再又是蘇聯的古拉格群島等等。我對那些主張拿西方式的革命來解決中國困境的辦法就不再那麼樂觀了。我開始探索中國人自己的生活與歷史，也許它能為中國的未來提供一個免於受革命與反動之苦的未來。

在探索的過程中，我注意到了當時尚不為西方世界所熟知的黃宗羲。本世紀初，黃宗羲是中國變法家及排滿革命家心目中的一個英雄。那些想從中國歷史中尋找民主價值的人稱黃宗羲是「中國的盧梭」，雖然他們很少把黃宗羲的思想與民主價值作深入比較，也很少從黃宗羲的時代背景中詳細分疏他的思想。後來，當「美麗新世界」（"brave new world"）平地而起，認為解決問題的唯一方案就是從中國歷史中完全解放出來的時候，革命的浪潮就把他們這種儒家的溫和和改革思想沖到一旁了。

就在這個關頭，錢穆先生進入了我的心中。錢先生研究中國歷史與思想的方法為觀察這個蜩螗的時代提供了廣泛的視野。正如錢先生後來在本講座所再度肯定並細加分疏的觀點一樣，中國千萬不應該想要用那種從根拔起並摧毀過去遺產的文化革命的方式來得到解放；它只能透過中國文化本身，不管它的好壞都面對它，認為中國人的未來實植根於中國文化這種方式才能獲得。雖然有些中國人可能寄寓異國，並且吸收不同文化；但是絕大多數中國人畢竟是生活在由共同的歷史所形成的條件與外觀之下。對他們來說，移民異域當然是不可能的[1]。

錢穆先生是研究中國思想一位罕見而成就卓越的史學家。錢先生早年曾重新疏解新儒家的史料，並且從宋明及清初思想史的立場來覆按黃宗羲思想的脈絡。我發現錢教授的著作（特別是他的《中國近三百年學術史》）時，正是第二次世界大戰

1　錢穆：《從中國歷史來看中國民族性及中國文化》（香港：中文大學出版社，一九七九），頁一二—一五（以下簡稱《民族性》）。

結束期間我在太平洋服役，開始研究黃宗羲自己關於思想史著作的時候。錢教授在其所撰十七至十九世紀思想史的書序中，提醒讀者注意宋代新儒家思想的淵源[2]。

黃宗羲最膾炙人口的著作《明夷待訪錄》成書於西元一六六二年，正是他從抗清運動中歸隱不久的時候。在這部批判明代專制政治及其腐化的著作之中，黃宗羲強烈地表達了他在明末參與改革的努力，以及他以明代遺老身分抗清的雙重挫折。做為明朝忠臣，黃宗羲鯁直地批判明廷的缺點來為朝廷盡忠（儒家意義下的盡忠）；同時，身為一個對歷史有廣泛認識的新儒家，他對於朝政的敗壞也詳加分析，並遠溯其根源，迄於遠古。

黃宗羲的學術努力可能是近代以前對於中國專制政治所作最整體而有系統的批判。這部書的確對傳統帝制作了激烈的攻擊。雖然黃宗羲痛詆的是政府，但是繼起的清朝卻也覺得這部書對他們具有威脅與傾覆的危險。我認為這部書由於它在史學素養上的廣度，在道德感上的深度以及表達方式上的雄渾有力，可說是儒家政治思想一個重要的里程碑。

職是之故，黃宗羲的著作在這些方面幾乎自成一格，但我們卻也不可以認為此書完全特異而與眾不同。黃宗羲並不是一個切斷他的過去，與他那個時代的學術格格不入的孤立的天才人物。相反的，黃宗羲的抗議只是把他同時代其他思想家的政治觀點作比較明確的表達而已。他這篇激越的宣言雖然因為朝代板蕩與外人入侵的危機而為之深刻化，但這篇文字不過是新儒家的自由傳統發展中一個高潮罷了。這個傳統是黃宗羲樂於認知並重新加以肯定的。

然而，這部著作並不是黃宗羲論述明代的最後一部書。黃宗羲不是只會指出明代的魚爛局面，卻將自己置身度外的人。他晚年大部分時間都致力於闡述明儒在思想及文學上的學術業績。這些晚年工作的代表就是《明儒學案》。它是明儒思想的批判性的文集，後來更成了中國思想史上的鉅著，為後人所效法（甚至撰述《朱子新學案》的錢穆亦同）。黃宗羲在此部鉅著的卷首識語中曾說，有明一代雖有缺失，但是明儒在理學的中心領域裡，卻獲得了卓越的成就[3]。

對我們而言，這種說法所具有的意義不止一端。表面上，黃宗羲所編的鉅著可視為一種保守性的努力——一個典型儒家學術守先待後的例子。但是，既然黃宗羲

2 錢穆：《中國近三百年學術史》（上海：商務，一九三七），上卷，頁一—七。
3 《明儒學案》，萬有文庫本（台北：臺灣商務，一九六五），〈凡例〉，第一冊，頁一。

對明代其他方面的評價這麼苛刻，我們就更不可把他對明代的哲學成就所作的推崇視為當然，或逕貶為泛泛誇讚之詞。尤有進者，黃宗羲所持對明代思想的同情態度——認為保存明代思想具有積極的重要性——正與清初學者（十七世紀下半）對明代思想所持的流行看法形成對比。當時人認為明代思想空疏腐化，最好與亡明餘燼一起灰飛煙滅。真的，黃宗羲所必須阻擋的反明思潮一直延續到這個世紀。就此點言之，黃宗羲在「保存」明儒思想遺產的努力中，實已採取了一個與當時思想主流相抗衡的獨立立場，而且與當時官方的觀點也當然是互為鑿枘的。

後來我還會談到有關黃宗羲這項決心的更深刻的意義。但我願在此說一些或許不是題外的話：就是到今日，像錢穆先生的學術也仍須面對新儒家思想的敵視態度，甚至要面對政治上對儒家思想的激烈攻擊。錢先生是極少數能與當代流行的思潮相抗衡的傑出學人。因此我認為錢先生也繼踵了黃宗羲的典型，保存（雖然不是絕無批判地保存）了他的新儒家的遺產。

當黃宗羲談到明代理學的時候，他指的是那股遠溯宋代（九六〇—一二七九）的思潮中的一個特別的階段。其後當黃宗羲編完《明儒學案》之後，他更把時間上溯到宋元兩代。可惜直到他過世之時，仍未完成《宋元學案》的編輯工作。《宋元學案》這部書裡的「理學」涵蓋了整個源於宋代的廣袤的儒家思想，以宋代為其形成期而綿延及於元明兩代。很明顯的，在十七世紀末葉，黃宗羲仍指望他所如此心儀的明代思想能在花朵綻開之後，在他自己的時代或後世結成果實。

近代西方所使用的「新儒家思想」（"Neo-Confucianism"）這個名詞，正如馮友蘭、卜德（Derk Bodde）、張君勱以及我們哥倫比亞大學的《新儒家思想研究叢刊》各書中所使用的一樣，一般說來，是與黃宗羲所指的這個新思潮相通的。也就是說，這個名詞包括程朱學派，也包括所謂陸王學派的理學思想（我說「所謂」是因為陸象山與王陽明在某種程度上是有其相似之處。雖然王陽明事實上是明初的程朱學派所衍生，而與陸象山之間並沒有可以上溯到宋代的學術脈絡可循）。對黃宗羲和其他新儒家的史學家如孫奇逢而言，「理學」這個學派包括陸象山與王陽明[4]，而「心學」則同時泛指程朱學派與陸王學派。

最近，有些西方學者由於受某種爭正統的態度的影響，把「新儒家思想」

4 孫奇逢：《理學宗傳》（台北：藝文印書館，一九六九影印，一六六六年版），卷七、九、十七、二一及二六。

（Neo-Confucianism）一詞用來專指程朱學派及他們所說的「道學」。但是，黃宗羲很清楚是反對只有程朱門人得道的說法的。他也反對只把「理學」局限在「道學」的範圍之內[5]。因為程頤與朱子始創「道學」一詞，所以用這個名詞來指稱程朱學派理當有其歷史基礎。尤有進者，程朱學派之作為正統思想已為後來中國、韓國及日本許多新儒家所接受，因此，我們也可以把「道學」或程朱學派稱為「正統新儒家」。然而，如果把「理學」或「新儒家思想」這個名詞僅用來指程朱學說，則此用法實與「理學」的歷史不符，而且與習用的「新儒家思想」這個名詞的用法分歧。

在這裡所遇到的名詞上的問題並非無關宏旨。它們均涉及我在這幾次演講裡所要提到的中心課題。因為黃宗羲在面對這種狹窄的新儒家的定義時必須兩面作戰——他一方面反對那種以褊狹的正統自居的保守、獨占而權威性的態度；一方面又反對那些棄絕「正統」、認為傳統已瀕敗滅、無關緊要的人所持的輕蔑的反動態度。換句話說，兼具史學家與哲學家的身分，黃宗羲致力於對新儒家思想作更磅礴、更自由、更具有活力的解釋。

在採用「自由的」（"liberal"）這個字時，我當然必須預期到其他誤解的可能性。有的人根植於特殊的西方文化背景（例如穆勒〔John Stuart Mill〕所代表的）

對自由主義採取狹隘而純粹的定義。有的人則認為自由主義帶有一些他們以為是源自西方的放肆的特點。這兩種人都會認為把自由主義一詞加諸中國是陌生而不切題的。但是我認為我們還是值得冒一下險。真的，只要不排斥在中國與西方之間探索其相似點，並由此而對雙方有更深入的理解，那麼，我們就應該歡迎就中國與西方的歷史經驗中的相異處作盡可能完整的討論與分析。

幾年前，在哥倫比亞大學所舉行的一項研討會上，我已故的同事佛蘭克（Charles Frankel）——他是美國自由主義及人文學界有力的發言人——就曾經從七層意義上來詮釋自由主義一語。今試加撮要如次：

一、與地域觀念和宗教狂熱相對立的文化自由主義：「對提升心智的多面性及其品質有肯定的興趣，以便能對人類生活的種種可能性作同情的了解及批判的欣賞」；二、政治自由主義：「對於能將和平變遷加以合法化的程序加以強調」；三、經濟自由主義：「為糾正經濟力量的不平衡而制定的政策」；四、哲學自由主義：

5《明儒學案》，〈自序〉及〈凡例〉；並見其《破邪論》，一，上下，刊《梨洲遺著彙刊》（上海：一九一〇），第十三冊。

「相信理性探究方法的優先性」；五、由中庸、自制與妥協所表現出來的自由性格或風格；六、自由的教育：「對於長遠的道德理想、文化理想及文明理念抱持有實踐的信念，並且能妥協而不譁眾取寵」[6]。

在儒家傳統中找到與上述各項相對應的說法或態度並不困難，但是任何認真探討，希望作滿意的比較，都應該涉及兩者之間的重要不同。即儒家的自由傳統與西方的自由主義之間其相似性也必須大打折扣；例如上述第四項所論及人在探討問題時應該把理性方法視為第一要務這一點便是。認清兩者間的不同對於認識兩者的局限性會有啟發。

儒家之教訓深寓人文色彩，認為人在改變世界之中扮演著最重要而且具有創造性的角色，因為孔子把人的生命與經驗視為一切可靠的學問之焦點。「人文的」一詞在此的涵義就是「現世的」（"this-worldly"）。但儒家並不把「人文」視為與天道相對之事物；相反的，孔子認為人事本身乃天道之顯示。

孔子努力於保存傳統文化的菁華，並肯定人類經驗的永恆價值。在這層意義下，他可以說是一個保守主義者；但是，因為孔子認為過去的理想與典範可作為批判當代制度的基礎也足以提醒人所秉承於天的偉大天賦，所以孔子同時也是一個自由主義者。在此所謂「自由主義者」一詞可以是「改革者」的意思——敢於與現存否定人有實現其合理需求與慾望之機會的不公正政府相抗衡的「改革者」。這正是莫萊（Gilbert Murray）所說西方的保守主義與自由主義並不相衝突而是互補的道理。他說：「保守主義的目標是拯救社會秩序。自由思想的目的是要讓社會秩序更接近於自由人——免於自私、免於激情、免於偏見的人——所考慮為需要的境界，並且經由這麼一點點改變更有效地拯救社會秩序。」[7]在孔子之後的時代裡，儒家也都是改革者，他們提倡為生民立命的社會福利政策。充滿革命激情的毛派或中共所謂的「左派」知道在儒者之中存有這種自由主義的改革思想。但他們批判這種改革思想，認為採取這種漸進途徑來改革社會的病痛是錯誤的。他們認為社會的毛病應加容忍，以使之潰爛、爆發而成為革命行動。依毛派之見，則儒家的改革主義因

---

6 Charles Frankel: "Intellectual Foundations of Liberalism"（〈自由主義的思想基礎〉），刊所撰 *Liberalism and Liberal Education*（《自由主義與自由教育》）（New York: Columbia University Program of General Education, 1976）, pp. 3-11.

7 Gilbert Murray: *Liberality and Civilization*（《自由性與文明》）（London: Allen and Unwin, 1938）, pp. 46-47.

追求和平的變遷、不堅持徹底的革命，所以流於因循姑息或妥協。

然而，孔子本人絕不是安於現狀，耽逸自得的人。他說他自己乃是知其不可為而為之的人；並以久不夢見政治上的理想人物與時代來策勵改革而深自慨嘆。人類對其他人的需要有作出反應的積極義務；因此就人君而言，無視於這種需要，實在是不仁之至。職是之故，儒家的改革主義實係淵源於對人類福祉的正面肯定。並由對於現階段制度所取的批判態度來加以充實。後者反映了他們對於改革社會的其他可能途徑的警覺。

有宋一代儒學的復興所產生的新儒家思想也表現出相同的態度。但他們更把這種態度帶到一個具有宋代特徵的新的發展階段。在下文，我會用「新儒家」一詞來指在宋代具有特質的這個運動中的要素（雖然這些要素未必不見於在此之前的時代裡）；我將繼續用「儒家」這個名詞來指那些相對地不具這些特質的永恆價值與態度（雖然它仍不可避免地與過去有某些形式的差異）。在這些新發展之中，我將集中討論那些淵源於傳統儒家但同時也朝著「近代的」、「自由的」方向發展的觀念。我無法深入詳細地追溯這些複雜的歷史潮流，但為了方便這幾次的演講，我想討論這些潮流中具有代表性的若干新儒家的基本觀念。因此，我採取的是觀念史的方法，在風格上很接近於錢賓四先生。我找出洋溢於宋明兩代新儒家論著中的中心觀念，間或提到這些觀念流傳於東亞的文化交流時日韓兩國如何對待它們的情形。這些觀念是整個新儒學（即黃宗羲所取廣泛定義）必須時刻用之作為指涉者，不過這些觀念本身則大體上出自新儒學思想的主流，即一般所說程朱學派或「正統」新儒學的思想。

首先，我應該說明一下宋代的學術趨勢。宋代思潮重新重視道的生命力與創造力，又具有新的批判性格。這兩者一在重估過去、一在拓深傳統，遂交互為用，以服務當代的需要。這些態度明顯地表現在「道學」、「道統」，以及「心學」之中。接著，我要討論新儒家思想中的自由教育與自發精神，這是宋明兩代「自我」的廣義觀念以及獨特的個人主義的基礎。在此處，具有關鍵性的觀念是「為己之學」、「自得」、「自任於道」以及程朱思想中與「自我」有關的觀念，最後我要評騭這些發展對晚明的影響。我並將歸結到黃宗羲尋覓一個新的綜合的努力。在我看來，這個新的綜合代表了比較成熟的新儒家的自由主義。結論一篇有一部分是根據一九七九年十一月我在哥倫比亞的公開演講。它會就宋明這些思潮的發展與現在中國情形之間的關係作一些探討。

第一講

人之更新與道統

一般的新儒家思想，尤其是「道學」，是在北宋（九六〇——一一二七）的偉大改革運動中興起的。在政治上，這些改革運動在王安石（一〇二一—八六）決心推行「新法」（或新制、新政）的努力中達到了高潮。但是，此處的關鍵是「新」這個字，因為「新」似乎與宋代那種顯著的復古主義理想所表現的傳統相扞格，也就是說與那種認為應恢復古周制，於十一世紀的宋代實行的想法相衝突。但是事實上，這裡所表現的是因襲與革新齊頭並進，而非背道而馳。王安石之所以援引儒家經典，特別是《周官》來做為他激進改革的理論基礎，是因為這種形態的傳統提供了他攻擊現存制度的有力理由，而不是因為他的新制與《周官》書中相傳的典範有任何近似之處。

王安石感到必須替《周官》寫一本新的注解，並稱之為《周官新義》。這個書名頗有啟示性，正證明了當時人是努力於將傳統拿來作創新的運用。對經典的再詮釋援引了新的批評方法，以新的經學主張來為改革的目標效勞。因此，「復古」的主張恢復了，而三代的「聖王之道」也在實踐中變成新的可行之道。

王安石在追求他的目標時，雖因其所採用的權威式的做法與獨斷的態度而為人詬病，但是王安石深信從古制中可以尋獲新制的基礎，這一點在他同時代的大儒中則並非特例。例如哲學家程頤便曾用近似詹森總統（Lyndon Johnson）的「大社會」（"Great Society"）的詞彙，說在他們那個時代，需要大改革以興「大制」或「大利」[1]，其語氣之堅定稍不遑王安石。程頤在政治上與王安石水火不容，但在引經據典以證明自己思想所具有的權威性這一點上，他與王安石一樣地獨斷。這種情形對王安石和程頤而言，都是很可能發生的，因為他們都認為「道」並非僵死於過去，反而對人類新的境遇兼具生命力與適應性。

宋代儒學中鼓舞這種想法的一個支派，就是對《易經》的研究。《易經》的〈繫辭傳〉特別強調「道」具有生生不已的活力與創造性。對道學早期的大師程頤而言，這個觀念正好與佛教以變為無常、以道為了脫生死輪迴的看法構成對比。《易經》書中所呈現的儒家形上學對於道提供了一個正面的看法，認為道永遠可為人類所理解，也永遠能適應一般人的需要。因此，在程頤的新古典主義思想中，再

1　見我的"Neo-Confucian Cultivation and the Seventeenth Century 'Enlightenment'"（〈新儒家的修養與十七世紀的「啟蒙運動」〉），刊 Wm. Theodore de Bary, ed.: *The Unfolding of Neo-Confucianism*（《新儒學的開展》）（New York: Columbia University Press, 1975），p. 162（以下簡稱 de Bary: *Unfolding*）.

現與再生乃成為重要價值。真理可以直接從經典中找到，而且當下可以應用到人生的再生之上。程頤很有自覺地說，大學之道「在新民」。程頤以「新民」取代古本的「親民」[2]。朱子在《大學章句》裡，十分強調自新這個觀念，認為它是更廣大的人群之再生之基礎。接著，元明兩代早期新儒學運動的動力就深深地植根於這個觀念上，因為這項社會新生的希望，正是建立在朱子對於人的道德性與個人完美性的新詮釋之上[3]。

如果我們把歷史的「進步」觀當作是朝向某種更新階段的直線發展的話，我們便不能認為以上所說的強調再新或革新的說法一定是一種歷史「進步」觀。它的「新」正如新年或春季的再生，這種再生也許包涵了演化的過程，但是它不一定就非有演化不可。我們也不可以把這裡所說的「活力」（生）或「創造性」（新）理解成西方的「原創性」（originality）樣帶有西方人所重視的極端獨特性的意味。「生」（活力）或「新」（創造性）是建構在對人性之相同的強烈信念之上的，因此程頤的「新民」是以人類所共有的仁道為其立論之基礎。

不過當程頤在論及人之修道時，他頗承認某些人物曾作出特出的個別貢獻。誠然，如果不是由於少數這種人物的慧識與獨立的努力，聖人之道可能已經完全絕滅了。這些少數人物當然包括孔子、孟子。但是，程頤認為在孟子之後，道之不行也久矣，直到其兄程顥「生千四百年之後……，志將以斯道覺斯民」、「謂孟子歿而聖學不傳，以興起斯文為己任」[4]。

後來，朱子撰《中庸》序，也以同樣的說法來解釋道統的性質。在敘述了自聖王以下道統如何傳承之後，道：

---

2 《程氏經說》，刊四部備要本《二程全書》（台北：中華，一九七六），卷五之一上，三上下：「明道先生改正大學」、「伊川先生改正大學」。

3 Wm. Theodore de Bary: *Neo-Confucian Orthodoxy and the Learning of the Mind-and-Heart*（《道學與心學》）（New York: Columbia University Press, 1981）, pp. 46-47, 141-143（以下簡稱 de Bary: *Neo-Confucian Orthodoxy*）。吳與弼述及其自省的重要紀錄可在他的〈日錄〉（原題〈日新譜〉）見到。他這本日錄所以題為「日新」，乃取自《大學》。參看M. Theresa Kellcher: "Personal Reflections on the Pursuit of Sagehood: The Life and Journal of Wu Yü-pi"（〈追求成聖的個人反省：吳與弼的生命與日錄〉）（Ph.D. disseration, Columbia University; Ann Arbor: University Microfilms, 1982）, p. 105.

4 程頤：《伊川文集》，卷七之六上下及七下，收於《二程全書》。

若吾夫子，則雖不得其位，而所以繼往聖、開來學，其功反有賢於堯舜者。然當是時，見而知之者，惟顏氏、曾氏之傳得其宗。及曾氏之再傳，而復得夫子之孫子思，則去聖遠而異端起矣。……自是而又再傳，以得孟氏，為能推明是書，以承先聖之統，及其歿而遂失其傳焉。則吾道之所寄，不越乎言語文字之間，而異端之說，日新月盛；以至於老佛之徒出，則彌近理而大亂真矣。然而尚幸此書之不泯，故程夫子兄弟者出，得有所考，以續夫千載不傳之緒。[5]

從上引文字看來，作者所強調的並不是經由不絕如縷的先知或主教人物之傳承而維繫道統於不墜；而是，第一、道統曾間斷頗久；第二、道統由具有異稟的人重新發現；第三、在衰敗的時代中，捍衛道統須有英雄式的獻身行動。內在的激勵與個人的奉獻是拯救道統於湮滅之際的英雄式人物的特徵[6]。

朱子之後，道學的領袖人物為真德秀（一一七八—一二三五）。他繼續發揚有宋一代復興道學的儒者所共有的資質；但卻不強調他們那種特異的（幾乎是超自然的）稟賦。真德秀說：「必有天德，而後可以語王道。」他談到周敦頤、二程及朱子的慧識時，說：「若世之立奇見、尚新說，出乎前人所未及耶？凡亦因乎天而已。」[7]

真德秀在《明道先生書堂記》中，以相近的文字稱許明道先生重現「天理」之道。他說，孟子之後，道日晦冥，更千餘年，而「濂溪周子出焉，獨得不傳之妙。明道先生程公，見而知之，闡發幽微，益明益章。」又說：「故先生嘗語學者曰：吾學雖有所受，然天理二字，自吾體驗而表出之。」[8] 真德秀在另一篇紀念文字中，則更細膩地說明天之不可思議的創造性：「闡聖學之戶庭，祛世人之矇瞶，千載相傳之正統，其不在茲乎？嗚呼！天之幸斯文也，其亦至矣！」[9]

5　朱熹：《中庸章句》，用《中國子學名著集成》本（台北：一九七九，下簡稱《子學名著》），頁三九—四一，〈序〉。

6　Wing-tsit Chan（陳榮捷）："Chu Hsi's Completion of Neo-Confucianism"（〈朱熹集新儒學之大成〉），刊 François Aubin, ed.: *Etudes Song/Sung Studies, in Memoriam Etienne Balazs*（《紀念白樂日宋代研究集》), Series 2, no. 1（Paris and The Hague: Mouton, 1973), 76, 78（以下簡稱 Chan "Completion"）。又此文已有中譯，刊陳榮捷：《朱學論集》（台北：學生，一九八二），頁一—三五。

7　《西山文集》，國學基本叢書本，卷二六，頁四四九：「南雄州學四先生祠堂記」。

8　同前書，卷二四，頁四〇九—四一〇：「明道先生書堂記」。

9　《西山文集》，卷二六，頁四四九。

在《道學與心學》（*Neo-Confucian Orthodoxy and the Learning of the Mind-and-Heart*）一書中，我曾說上述的這種觀念是道學思想中的「先知式的」（"prophetic"）成分。我的意思是指：通往真理的特殊途徑並非人人可得，這條途徑乃由內在的靈感或獨特的認知而取得，而非由經典所提供；它又訴諸更高層次的真理來對某些文化價值或經典文獻賦予新的解釋、意義與重要性。儒家傳統一般不認為這種啟示是「超自然的」，但是它確有一種不可預測、不可思議足以印證天的神聖非凡的創造性之稟性。但比諸「先知式的」，則我寧可說訴諸由歷代相承所形成的權威乃是「學術式的」（scholastic）。它之所以能為人接受，認為正確有效，乃是因為它強調必須有外在或群眾的接受作為基礎[10]。

儒家與猶太世界那種較具神學色彩的傳統，其背景當然有很明顯的差別。在猶太世界中，先知說「神的道高過人的道」，神以恐怖的結局來要求人服從，並以此來審判人的行為。然而這種差異不應該使我們看不到新儒家道德觀中的內在取向性；也不應該使我們看不見天是如何影響人的良心，使人在理想層次與實際境遇之間保持一種動態的緊張關係——亦即是指天如何對人的境況能有控制的能力，這一點是韋伯派學者（Weberian）對儒家思想的分析所未及討論的。

「先知式的」與「學術式的」這兩種對比的態度也許也可以用來說明新儒家思想中自由的與保守的兩種傾向。我們在此必須小心，以免太輕率地在兩者之間畫上等號。東西兩方的「先知的」態度都對現存制度作激烈批判，或對社會的放縱作出返本主義（fundamentalist）的反應。在這種情況下，追求中庸之道的儒家自由主義（中庸之道可以與佛蘭克所說的「由中庸、自制或妥協所表現出來的自由性格或風格」相應），將會轉而求之於學術傳統中的練達智慧，拿文獻記載或正式制度中所呈現的集體經驗來衡量自己良心的激切呼喚。

雖說我承認這兩種傾向會互相抵銷，我還是要指出：道統這個觀念在富有創造性的思想家心中扮演著重要角色；對新儒家思想的正統傳統而言，實居中心地位。改革派及其反對派都一再寄望於英雄人物的再顯道統、印證道統。每個時代幾乎都可以找到顯著的例子，如宋末的真德秀，元代的許衡、劉因、吳澄，明代的吳與弼、陳獻章、何心隱及林兆恩。我們在此以最為人知的王陽明為例來作說明。在黃宗羲的《明儒學案》中，陽明弟子王棟（一五〇三—八一）如此說道：

10　de Bary: *Neo-Confucian Orthodoxy*, pp. 9-13.

至秦滅學，漢興，惟記誦古人遺經者起為經師，更相授受於此。指此學獨為經生文士之業，而千古聖人，與人人共明共成之學，遂泯沒而不傳矣。天生我師，崛起海濱，慨然獨悟，直宗孔孟、直指人心。然後愚夫俗子不識一字之人，皆知其性自靈、自完自足，不假聞見、不煩口耳，而二千年不傳之消息，一朝復明矣。[11]

這段文字雖然略帶王陽明學派某種社會及哲學的色彩，但我們在此又看到了稟賦特異的個人，扮演著神秘性的角色，重振道統、再新人類。王陽明所扮演的就是這種典型。有些批評者可能懷疑王陽明是否夠稱為儒學的正統，也有人可能會在學術的持續重要性上反對王陽明，但是陽明為道所作的詮釋究竟還是用了正統而流行的話語，認為他說的仍不外是「道統」及「新民」。幾乎所有重要的新儒家都適合這種說法。在元明兩代，這些有鼓舞作用的典型人物一再地出現於各色各樣新儒家著作之中。這項事實正說明了這些典型人物是傳統能夠再生的有力象徵；傳統又隨之不斷地迫使正統的領域向外伸展。

我們認為陽明學說之具有光彩，可以接受，部分是由於在道的傳承中，心具有關鍵性的地位。我的意思是指：不僅在王陽明晚年的思想裡，就是在朱子本人的原初教誨中，心在自我批判與自我更新中都扮演了重要的角色。在朱子的《中庸章句》序（上文曾引用為「道統」觀的經典根據）裡，他就曾引述《尚書》中聖王關於人心與道心之教來闡釋這種觀念，以告誡學者守其本心之正使自己在道德及精神上都合乎道。在這篇序文中，朱子指出這樣的心態是掌握儒學經典真理的前提。不存此心，則眼前文字盡為古代經典之器皿而已；存此心，則人才能體認《大學》及《中庸》等經典的特殊重要性。這兩部經典過去在《禮記》論禮的浩繁卷帙之中一直晦而不彰，也很少得到充分的認識。

心的教義在朱子思想中如此重要，因此在朱子的奏章及詮釋經典的文字裡俯拾皆是。宋高宗紹興三十二（一一六二）年，朱子在奏章中說：「人君之學與不學，所學之正與不正，在乎方寸之間。」[12]提到《大學》裡的修身問題，他繼續說道：

11《明儒學案》，第六冊，卷三二，頁九三。

12 朱熹：《晦庵先生朱文公文集》，四部備要《朱子大全》本，卷一一之三下（以下簡稱《文集》）：「壬午應詔封事」。

「蓋致知格物者，堯舜所謂精一也；正心誠意者，堯舜所謂執中也。自古聖人口授心傳而見於行事者，惟此而已。」[13]

淳熙十五（一一八八）年，朱熹再上封事，反覆說明這個觀點，指出為人君者必須特別注意六件事，而：

> 凡此六事皆不可緩，而其本在於陛下之一心。一心正則六事無不正；一有人心私欲以介乎其間，則雖欲憊精勞力以求正夫六事者，亦將徒為文具，而天下之事愈至於不可為矣。故所謂天下之大本者，又急務之最急而尤不可以少緩者。[14]

在二程及朱子的時代，范祖禹及陳長方（一一〇八—一一四八）[15]等學者大力推行「帝學」這種文體，《大學》這部書在此中占有與日俱增的重要性。這種情況對上文所說的思想頗有助益。在陳長方〈帝學論〉一文中，他就引《大學》說：

> 所謂「智者」……在於「熟察此心之正」……心有所恐懼則不得其正，有所

好樂則不得其正，有所忿懥則不得其正，有所憂患則不得其正。[16]

在陳長方這篇文字中，我們也找到了最早使用所謂「心法」一詞的例子。這個名詞用來指此時新儒家所發展的正心方法。新儒家在十一、二世紀時如何使用這個名詞，我在別處已討論過。在此我們應加注意的是陳長方所說此心法乃聖王、孔子、孟子所傳之法，恰與朱子所立的「道統」一樣。因此，陳長方就在「帝王之學問」、「人主之心法」及《大學》的正心修身之法之間建立了明確的關係；也在心法及朱子後來所述的「道統」之間建立起內在的聯繫。事實上，在《中庸章句》開頭的幾行裡，朱子自己就點明了這層關係：他指出《中庸》所載的是道統傳承的學

13 同前書，卷一一之三下。
14 同前書，卷一一之三三上。
15 de Bary: *Neo-Confucian Orthodoxy*, pp. 27-37, 91-98.
16 陳長方：《唯室集》，四庫全書珍本第一輯（上海：商務，一九三五），卷一之一上—三下：〈帝學論〉。

問，然後更引程子說：「此篇乃孔門傳授心法」[17]。

簡單地說，這些學習的方法都重視道德心；但既然他們都就特殊的政治背景來討論這種道德心，人君的社會良心就特別受到重視。尤有進者，既然新儒家對權力（尤其是皇權）的運用課以極重的責任，對於因濫用權力而招致的人類苦難十分注意，他們便特別強調存心善惡的可能影響，此處之心很顯然是指人君一人所代表的人心。從以上幾種方式中所見的新儒家之道的主旨，我們便可以體認到唐君毅所說：新儒家思想是「孔學對人的信念的復興」，新儒家思想承認人必須「正面承擔人性一切的負面因素，並找尋實踐正面理想的途徑」[18]。

道學與心學之出現於宋代思想發展的這一個重要關鍵上，實還有更深一層的意義。在這麼重要的關頭，他們強調心之自主，又認為個人直接可以得道（「道學」一語隱含了個人有詮釋道的權威），這就讓我們看到兩種說法之間的關係是互相為用，相輔相成的，但不只如此，它也讓我們看出學者個人與經書之間的關係可以是個個不同，因人而異的。王安石可以援引《周官》的權威，而程頤亦可奧援《大學》的說法，則可見個人的解釋就比經典的注疏傳統更重要了。雖然經典仍舊一言九鼎，但是個人對經典的理解則更為重要。假若《大學》果如程、朱所言可以歷二千載晦而不彰，古代注疏家皆不得其意，那麼，僅僅文獻的相承就遠比人心對經典真諦的究明要來得無足輕重了。因此，「道統」之傳乃較不依緣於經典文獻之因襲，而更有賴於個人的慧識（如朱子在上文中所說的）。

宋神宗（一〇六八—一〇八五）在位時，有謂胡瑗所授儒家之道有體、有用、有文——「文」就是垂法後世者[19]。程朱在他們的論述中強調「體」與「用」；雖然他們並不輕視經文或學術，但他們較少提到「文」。十三世紀初，程朱心學的主要發言人真德秀，則提出「體」、「用」、「傳」三層說法，以「傳」取代「文」[20]，似乎有意提高心在此一過程中直接可以得道的重要作用。他這麼一作就讓主觀性從此

17 朱熹：《中庸章句》，頁四五。參見其《文集》，卷一一之三五下—三六上。

18 T'ang Chün-i（唐君毅）: "The Spirit and Development of Neo-Confucianism"（〈宋明理學之精神及發展〉），刊 *Inquiry*（《探索》）(1971), 14, 59-60.

19 黃宗羲與全祖望合編：《宋元學案》（台北：河洛圖書出版社，出版日期不詳），卷一之二六。專研究理學家文學觀的 Peter Bol（包彼德）認為胡瑗這些觀點可能是記述者劉彝以己意轉為者，但這個說法並不影響我們的論旨。

20 真德秀：《西山文集》，卷二六，頁四四八—四四九。

扮演更重要的角色，而客觀記載或成文經典反漸趨式微的程度。於是個人對於傳承的文獻與經典傳統獲致更大自由的基礎就奠立起來了。程頤和朱熹自由地重編《大學》，以便適應他們自己的思想，而他們的學生又接受他們新訂的文字，這兩件事就是說明此種發展很好的例子。

所以說「道統」這個觀念，體顯了一個理想：某種天賦異稟的個人可以做為社會改革與人之更新的泉源。與此理想結合在一起者，認為心具有道德與社會的自覺能力，認為心對於人的行為之後果具有高度的責任感，認為它意涵著人必須把良心加以顯彰——這種良心依朱子之見是不依傍於外在權威的。朱子認為在人心深處都有「天理」來指導人的行為。我認為「個人的重要性」、「個人有責任存其良心」、「個人在對傳統作創造性的解釋上具有或多或少的自主性」……這些價值都可以視為西方自由主義傳統的價值；但是，在我們就這些表面的相似建立結論之前，我們還必須從社會背景去探索新儒家思想中個人主義的其他面貌。

第二講

朱熹與自由教育

為己之學

朱熹思想的根本和鵠的不外是「為己之學」。這句話出自孔子的《論語》（〈憲問〉章），強調為學為己，而不在希求別人的稱讚。朱熹的父親在朱熹早年就把這個目標教給朱熹，認為它與認知自己及盡一己之所能以實踐自我有相等的價值。這個目標驅使他去跟隨李侗（一〇九三—一一六三）讀書，也成為他一生出仕為官及居家為學的指導原則。

儒學本身是一種致知為學的方法，而朱熹根本就是一個教師。教育與朱熹的整個哲學是不可分割的，因此討論朱熹的思想時，哲學與教育缺一不可。在這個演講中，我想試著說明朱熹對「為己之學」的見解，討論朱熹對於平民教育所持的「自發」觀點，並說明為什麼朱熹對高等教育的社會文化意義的看法可以說是「自由的」。然後我會在下一章試著指出朱熹在政治和文化生活中表達出強烈新儒家的個人主義色彩。

紹興十八年（一一四八），朱熹剛滿了十八歲。這一年他通過科舉殿試，取得了進士。從當時的標準看來，他已經榮獲時下學者所能獲取的最高榮譽，而且年紀又那麼輕。不久，朱熹受命前往福建同安擔任主簿。甫到任，朱熹即前往縣學，勉勵諸生說：「學者所以為己。」他又惋惜說：「今之世，父所以詔其子，兄所以勉其弟，師所以教其弟子；之所以學，舍科舉之業，則無為也。」因此他規勸學生們應該學古人「學以為己」，而不應該「學以為人」；意思是要他們立志了解自己，充實自己，而不應該只為了應付考試而讀書[1]。

淳熙二年（一一七五），朱熹與呂祖謙合編《近思錄》時，在第二卷（〈問學〉）中申述全書的宗旨，他們在這卷中也引了程頤論孔子這句話的說法：「『古之學者為己』，欲得之於己也；『今之學者為人』，欲見知於人也。」[2]程頤此處論及「自得」之語，實與孟子所言，「君子深造之以道，欲其自得之也。自得之，則居之安；居之安，則資之深；資之深，則取之左右逢其原。故君子欲其自得之也。」[3]相為呼應。「為己之學」在這裡可以解釋為一個人應該自己尋覓其道，好由此得到

1　朱熹：《文集》，七四之一下。

2　茅星來：《近思錄集註》（台北：藝文印書館刊「四部善本叢書」初編本），二之一三下。

3　《孟子》，〈離婁下〉。

內心深刻的滿足。

朱熹後來曾再一次討論到《論語》這句話。他還是引述程頤的見解：「古之學者為己，其終至於成物，今之學者為物，其終至於喪己。」[4]並認為程子說法「切而要」[5]，可見一斑。猶有進者，朱熹在《論語精義》中也引述其他宋人的說法，解釋「為己」為「自信而已」，「正心誠意」。他認為「為己」不僅為自愛之舉，而實際上是以修己為開端，並推以及人[6]。由上面這些說法可以看出朱子認為成全自我不只是追求私己的滿足，更是在於同時成全了別人。後者只會造成「喪己」而已。

《近思錄》卷六論齊家之道，朱熹這裡又回來談上面這個課題。這章一開始朱熹就指出道德意義對於一個人的「學以為己」是最基本的。朱子引述程伊川說：「伊川先生曰：『弟子之職，力有餘，則學文（按：此《論語》〈學而〉篇語）。不修其職而學，非「為己之學也」。』」[7]在這裡，朱熹顯然認為道德的涵養與「學文」之間是有一種差異的，至少後者也許會引致大家疏忽了前者。

朱熹一生仕途多舛，甚至遭到指斥為偽學的命運。就在他被貶斥為偽學之前，他到玉山書院講學。在那裡的講義後來成了他的教育哲學最成熟、最正確的說明。

在這裡，他還是回應了早年他在同安初任官職，參與教育工作時的想法：

> 蓋聞古之學者為己，今之學者為人。故聖賢教人為學，非是使人綴緝言語、造作文辭，但為科名爵祿之計。須是格物、致知、誠意、正心、修身而推之於齊家、治國，可以平治天下，方是正當學問。[8]

在這段短短的文字中，他把平生思索的教育哲學和當時人的一些想法作了一個總結：北宋范、韓等改革家的「正學」思想；程、朱等人從「聖賢之學」而逐漸精

4 茅星來：《近思錄集註》，二之三二上。Wing-tsit Chan（陳榮捷）, tr.: *Reflections on Things at Hand*（《近思錄》）（New York: Columbia University Press, 1967）, p. 68. 陳譯將為下面引述所本。

5 《論語集註》，《中國子學名著集成》本，卷七之一七上。

6 《論語精義》，《朱子遺書》本（台北：藝文，一九六二），第十冊，卷七下（〈憲問〉）之二二上下。

7 《近思錄集注》，六之一上；Chan: *Things at Hand*, p. 171.

8 《文集》，七四之一九下。

確發展出來的「大學」，以及朱熹認為是學問終始的「為己之學」。自始至終朱熹總是主張這種精神的、道德的「學問」才真正可以取代應付科舉的浮誇功夫。他與程伊川一樣，認為這種道問學的功夫應該與文詞美藝的學問相對立。職是之故，元代忽必烈廷中辯論應否恢復科舉時，主張恢復的就被稱為是「文章派」[9]；朱熹的學生們則反對恢復科舉，並因而被稱為是主張「學以為己」的人。朱熹的學生們真是主張「學以為己」，並成功地把朱子的作品列為學校的課程[10]。相同地，韓國李朝（一三九二—一八九七）在處理科舉的相同問題時，受新儒學影響的人也批評政府的學術為別於孔子「學以為己」的「為人之學」[11]。

克己復禮

新儒家對於個人的另一個看法是朱熹對於「克己復禮」這句話的討論。粗略看來，這個看法與上面所說的似乎完全對立。

在這裡。儒家對「己」字的了解是負面的，把它看作「自私」、「自利」，而不是從正面去了解它。就正面言之，「己」是為學的目的，而禮則用來代表節制一個人與社會關係的客觀規矩。一個人作為社會的一分子，當然應該在公眾的群利或社會的益處的前提下克制自己的私慾。他的真正人格必須在約束個人的慾望，調節之，使不與公利衝突之下來發展完全，一個人必須用「公利」來衡量自己的慾望，判斷它是好是壞。這就好像一個人必須克服私己與他人間的衝突，這才能真正完成他自己。

宋明理學家常常提到孔子應顏淵論仁的這段話：

子曰：「克己復禮為仁。一日克己復禮，天下歸仁焉。」……顏淵曰：「請問其目？」子曰：「非禮勿視，非禮勿聽，非禮勿言，非禮勿動。」

9　參考安部建夫：《元代史の研究》（東京：創文社，一九七二），頁四五—五七。

10　牧野修次：〈元代の儒學教育〉，刊《東洋史研究》，卷三七，第四期，一九七九年三月，頁七一—七四。

11　Martina Deuchler: "Self-Cultivation for the Governance of Men"（〈修己以治人〉），刊 *Asiatische Studien*（《亞洲研究》），34. 2, 1980, 16.

孔子對於仁所作這個典型的定義後來在新儒學中扮演了重要而有特別意義的角色。尤其是朱熹在《近思錄》中把它安置在一個有關鍵性的章節裡頭，即論有關自省，克己的第五章。朱熹認為自省、克己的功夫是很基本的道德教養，也是他採用《大學》作為重要教科書的根本原因。《近思錄》的這一章有各種題端，但陳榮捷先生翻譯這本書時，採用了葉采（約一二四八年時代的人）的說法。葉采是早期對《近思錄》作注解的人。葉氏的題端和旨趣是這樣的：

> 克己類，凡四十一條：
> 此卷論力行。蓋窮理既明，涵養既厚，及推於行己之間，尤當盡其克治之力也。[12]

這裡可以看出葉采對為學之程序的看法與朱熹對「為己之學」的說法相同，認為必須從自我了解出發，而及於他人，不可及身而止。「克己」一語，陳榮捷教授英譯作self-discipline，與全章的主旨通貫無間，正是新儒家所說的用理性及道德來自我克制，也把葉采的題端及旨趣正確表達出來。在正文中，克己經常與自制互相通用。

另一方面，若把「克己」譯成 subduing oneself 也可以成立。英文的 subdue 與「克」字原意的「克服或制服」更為接近。同時，與「克己」連在一起的「復禮」從新儒家的立場言之，應可以譯為 return to decorum or propriety（「回復到禮節或規矩」），但原始儒家的「禮」更帶有宗教祭祀的餘義。例如宗族、鄉黨或國家都通過共同的祭祀關係而得以井然有序地聯結在一起，各得其所，各盡其儀。因此我們不可以輕易把這個關鍵性的觀念中所帶的宗教意味拋棄，也不要因為現代人偏好道德理性人文主義，而把這個傳統的宗教向度取消。後者這種宗教的向度在新儒家強調道德和理性時也並沒有喪失。「克己復禮」的原始義保存了一個人通過自我強烈的考驗，及宗教式的自我克制以求自我超脫的可能性。

後代的新儒家有很多就覺得宗教性對他們有相當的感召，但另外也有人對於宗教性有強烈的厭惡。從這兩點可以看出上面我的說法是很重要的。真的，新儒家對

---

12 Chan: *Things at Hand*, p. 154；葉采：《近思錄集解》，《近世漢籍叢刊》第三輯（京都：中文出版社，一九七九），頁二九七。

這一點有它的曖昧性，有許多新儒家的生命經驗可以作佐證，他們先則若飢似狂地盡力行禮，然後又全盤否定它[13]。有一些俗文學抗議說以朱熹之名所定的禮儀條文失之過嚴，不只單純克己而已。這也證明「克己復禮」宗教性的可能負面意義。「克己復禮」因此既是一種開明的自我考驗和訓練，也是一種自我超脫的宗教體驗。這可以從《近思錄》卷五，朱熹引程頤的話看出來：

人之視最先。非禮而視，則所謂開目便錯了。次聽，次言，次動，有先後之序。人能克己，則心廣體胖，仰不愧，俯不怍，其樂可知。有息，則餒矣。[14]

由此段可看出我們所講的有兩個「己」。一個是原來內心的真「己」；另一個是帶有「己私」，為自意所支配的「己」。如何控制一己的心呢？朱子認為不應該用一種外在的約束來控制那壞的自我。相反地，我們應該把內心原有的善發揚出來。因此朱熹和程頤可以樂觀地認為我們不僅能充實自己，並能推己及人，在外在禮節的社會秩序中，用正式的方式與其他人和諧相聯。

最近在中國，馮友蘭與任繼愈曾辯論關於新儒學是否宗教的問題[15]。我們可以認為這不過是定義不同之爭而已。然而，我們應該承認新儒學究竟也採用一種「宗教性」的觀點來討論人類經驗的問題。至於新儒學這種「宗教性」並不一定就與西方所說「自由教育」（liberal education）相對立[16]。不管如何，自我考驗與訓練在古典自由主義一向便被認為是「自由的」。因為它強調通過發展及訓練，使一個人得能解放自己的能力，而達到「自己了解自己」的古典目標[17]。

總之，就「克己」言之，程頤和朱熹認為它是一種禮的過程，在這種過程中，一個人接受自己有所不足，然後努力去克服它，以使自己與別人的區別得以消除，

13 參看 de Bary: *Unfolding* 一書的導論，pp. 16-17.

14 《二程外書》，三之一下；《近思錄集註》，五之一四上；Chan: *Things at Hand*, p. 165.

15 看任繼愈：〈儒家與儒教〉，刊《中國哲學》，第三期。並參考其“Confucianism as a Religion”（〈作為宗教的儒家學說〉），刊《中國社會科學》，第二期，一九八〇，頁一二八—一五二；馮友蘭：〈略論道學的特點，名稱和性質〉，刊《社會科學戰線》，一九八二年三月號，頁三五—四三。

16 Robert M. Hutchins: *Education for Freedom*（《為自由而教育》）（Baton Rouge: Louisiana State Press, 1941）, pp. 19-64.

17 Mark van Doren: *Liberal Education*（《自由教育》）（New York: Holt, 1943）, pp. 119-122.

而形成道德與精神的聯結。在這裡，極端的個人主義看來是消失了，由一種我稱之為「儒家人格主義」者來代替——這種人格主義認為一個人與其他人相處最融洽，結合最無間時，這個人也最真是他自己。

《小學》書中的個己與人格

這種人格主義的意義在朱熹的《小學》中有充分的討論。《小學》一書講的是小孩子的禮儀行為，明顯地是一本新儒家的「經典」。它闡述正統儒家有關個己的觀念與自我涵養的方法。朱熹於淳熙十四年（一一八七）開始編撰此書。他從儒家經典中引了各種章節，用意在於教養兒童，好讓他們有所預備，以便日後可以從事《大學》中的教育。換言之，朱熹用的是經典的影響力來推動他所相信必須有的有程序的教育。這種教育認為兒童須有廣泛的基礎訓練，凡社會中富貴貧賤都不可缺。宇野精一是研究《小學》的現代權威，他說這本書的根本目標是要「修己治人」。換言之，理想的治術不應該依賴力量，而應該倚靠全民的自我涵養。在這種方法下面，人們才會自治，地方才有最大程度的自主[18]。

《小學》書分內、外篇。內篇引述儒家經典之基本原則，而外篇則列有歷代史著中的具體例子。內篇依次分為「立教」、「明倫」及「敬身」三篇。元朝大儒許衡（一二〇九—一二八一）稱許這本書，說「吾敬信如神明」[19]。他替《小學》寫了一個提綱，好把它的旨意說明給一般人看。這裡引其中數段來說明：

「立教」者，明三代聖王所以教人之法也。蓋人之良心本無不善，由有生之後，氣稟所拘，物欲所蔽，然後私意妄作，始有不善。聖人設教，使養其良心之本善，去其私意之不善……

所謂教者，非出於先王之私意。蓋天有是理，先王使順其理；天有是道，先王使行其道。因天命之自然，為人事之當然，迺所謂教也。……

18 宇野精一：《小學》（東京：明治書院，一九六五），頁二。並參看《大學章句》，《中國子學名著集成》本，二上下；《中庸章句》，一七上；《大學或問》，四下—五上，二九下—三〇上；《文集》，卷九四之二〇上：〈學校貢舉私議〉；de Bary: *Neo-Confucian Orthodoxy*, pp. 54-55, 125.

19 《魯齋全書》，《近世漢籍叢刊》，第二輯（京都：中文出版社，一九七五），五之一五上下：〈與子師可〉。

道者何？父子也、君臣也、夫婦也、長幼也、朋友也。此天之性也，人之道也。……「明倫」：「明」者，明之也；「倫」者，倫理也。人之賦命於天，莫不各有當然之則。如父子之有親，君臣之有義，夫婦之有別，長幼之有序，朋有之有信，乃所謂天倫也。

三代聖王設為庠序學校，以教天下者無他，明此而已。蓋人而不能明人之倫理，則尊卑上下、輕重厚薄淆亂而不可統理。……將見禍亂相尋，淪於禽獸而後已。……「敬身」：序引孔子言（按：語出《禮記》）：「無不敬也」。敬身為大。身也者，親之枝也，敢不敬乎！不能敬其身，是傷其親；傷其親是傷其本。傷其本，枝從而亡。

聖人以此垂戒，則知凡為人者，不可一日離乎敬也。況人之一身實萬事萬物之所本。於此有差，則萬事萬物亦從而差焉。豈可不敬乎。

敬身之目，其則有四：心術威儀，衣服飲食。心術正乎內，威儀正式外，則敬身之大體得矣。其衣服飲食二者所以奉身也。苟不制之以義，節之以禮，將見其所以養人者，反害於人也。分而言之，心術威儀，修德之事也；衣服飲食，克己之事也。統而言之，即敬身之要也。蓋唯敬身，故於父子、君臣、夫婦、長幼、朋友之間無施而不可。此古人修身必本於敬也。20

在上面文字中，我們可以看出許多我們在朱熹自己的作品或注解中常談到的個人與修身的見解。但其中有兩點特別顯著。第一個是關於人類生命相互依存的特點。這個特點是說人在自我發展過程中免不了要以人類的基本關係作根據。

人類生存的相互依存性在上文中對五倫的討論有所強調。許氏認為人格的發展是在人對他所愛的人逐漸產生一種責任感來完成的。這種見解在新儒家中並不算新，因為新儒家常常把人心說是一種在本源和精華上都帶有社會性或道德性的意識活動（與佛家所說的不同，後者是一種從自我或對人的責任解脫的心）。但許衡從朱熹的理論進而推展出認為個人的社會化過程必須同時建築在創造性的愛心這個根本實體之上，以及集中在人自己的人格之上——人格的根本不外是生命本身；人格與生命有深切、不可拂逆的密切關係，而生命又是那麼的珍貴。《禮記》論敬身的話為朱熹所引為「敬身」之篇首。這些話雖然在論理上有缺點（有些學者因此對這

20《魯齋全書》，四之二五下—二八上。

些話的真實性感到懷疑[21]），朱熹和許衡卻十分重視它，朱熹引為篇首，而許衡的注中也只引這一句，這就使我們不能不覺得「君子無不敬也」這句自我循環式的議論更能把生命的意義彰顯出來：它是一種親親的神聖秩序，從夫婦之間的愛以至於親子的感情，以至於兒子的孝思；這些都以尊敬一個個人的人格為中心而向外開展出去。

因此可以說朱熹和許衡對教育過程的見解是建構於一種避免把人和社會分化的人格觀念之上。如上所說，有一種很流行的看法認為新儒學強烈地要求人必須受禮的節制，把個人約束在人際的差序格局裡頭，好保持既有的社會結構。但是許衡實際上是要把這種人際關係放在人格的發展之下，讓人心能從親親愛人的經驗中獲取道德的能力（靈敏性），以指導人格之發展。許衡絕不以認知訓練和默書背誦為人格發展的中心。

第二點很容易看出來。《小學》一書的首二篇是發展上述的有機生命觀，但它的重點歸結在於「敬身」。因此《小學》基本上不外在於「學以為己」。「敬」字有相當的意義。「敬」字固與人本性善，必須發揚的這個重要的價值觀有關，但「敬」字更與典型新儒家的道德與宗教精神相結合。朱熹強調敬乃是個人對自己道德及精神生活不斷的用心和關注；是正心和慎獨所不可或缺的態度。但是敬也是民胞物與、仁民愛物的宗教情操，在生命的過程中把個人和其他人聯結起來；它接受個人道德修養中的宗教面，把人生命中活動和靜修方兩面也聯貫了起來。

《小學》一書就一個重要的意義言之並不能充分將朱熹關於人際的自然交互關係看法表達出來。這本書旨在預備兒童好可以在日後進修「大學」，因此它有關父子的關係大多強調兒童應有的好行為[22]。後來這本書在元朝時受了新儒家的尊崇，特別是許衡對之推崇有加，以致產生了過度的影響。於是親子關係之只偏重子方的孝順就形成了。這個發展可能不是朱熹所曾希望的，更絕不是《四書》的原旨——朱熹對於《四書》是極為重視的，而且肯定其正統地位。朱熹的真正態度實際上在《延平答問》中已有表示。在這篇中他曾引述李侗對孝的看法，說《論語》的〈為政〉篇已把孝順的基本責任放置在父母的愛上面，而不只在於子女的服從而已[23]。

21　宇野：《小學》，頁一三九—一四〇。
22　同前註，頁六七。
23　《延平答問》，《近世漢籍叢刊》，第一輯（京都：中文出版社，一九七二），頁三四—三五。

平民教育

從《小學》進而討論朱熹在《大學章句》中所討論「大學」之前，我們必須討論另一種基本教育。朱熹任官，所攝取之經驗都是從地方上來的，而他更認為教育與地方行政是相扣在一起的——他不只關心地方學校[24]，更關心地方事務之組織與活動。他興築藏書閣，建造祠堂，祭祀地方先賢，以便人們能追思及模仿他們的軌範；他恢復久已淩夷的典禮，教導學生部屬去實行它們；他編寫勸俗文字，好讓可能沒機會受教育的普通人知所規勸。他在漳州任上所寫的十點勸諭榜文就是一個典型的例子。簡而言之，這篇勸諭榜文最大的特色是它強調相互依存，互為奧援，而不以權威或法律的威力來作為推動公眾事務的基礎。這篇文字因此是以自尊和人與人間的相互推重而自然地維持一種自發的社會秩序來勸諭人們；它不以政府管制的制度來作為推動公眾事務的辦法[25]。

這種方法在朱熹推動的鄉約中也可看出來。鄉約制度是朱熹從程頤弟子呂大鈞那裡學來的，用來作為地方團體自治的基本「憲章」。從「約」字可以看出這個制度的自發合作的理想。它指的是一種契約，由團體中的會員簽定以相互保護。這種契約帶有強調個人人格的特徵，這一點特別值得注意，因為它強烈地強調對於人的需求及欲望的相互尊重，遠過於重視產權或物質交換中斤斤計較的利害關係。

「呂氏鄉約」的主要規定包括下列四項：「德業相勸」，「過失相規」，「禮俗相交」，「患難相恤」。在每一項之下都有關於約中會員所應採行動的詳盡規定。負責人（稱為「都約正」）的當值及推動約規的辦法也有明確的說明[26]。

這種鄉約是與鄉黨日常生活有關的平民教育的一種模式；是在個人關係網或親人關係之外的社團中推動基本新儒學信念的實際辦法。宋代政府的權力日益膨脹，朱熹覺得只在家庭生活中或只在保伍的鄉黨組織中實踐公眾道德是不夠的，更應該在地方社區中設法建立起自發的精神，因為這種地方社區或許可以在政府權力與家庭利益之間起調和的作用[27]。因此他推動這種社會計畫，希望在這種基礎上可以防

24　參看 Conrad Schirokauer: "Chu Hsi as an Administrator"（〈作為行政官的朱熹〉），刊 *Études Song/Sung Studies*（《宋代研究》）, I. 3, 1976, 208-219.

25　《文集》，一〇〇之五下—七上：〈勸諭榜〉。

26　《文集》，七四之二三上—二九下。

27　清水盛光：《中國鄉村社會論》（東京：岩波，一九五一），頁五四〇—五四九。

止中央政府干預地方事務，讓地方單位享有自主的地位，分享政府的權威，並倚賴民眾教育及禮儀的實踐來代替實行刑罰的法律。這個計畫是建立在一種強調公私一體的政治運作的信念來達成的，也就是說它是建立在自己更新及社區合作的基礎之上[28]。朱熹這種態度在他自己作品中所包括的諭俗文字[29]，或他在地方任官時所推動的社會辦法，以及他所撰的《家禮》也都處處可見。

朱熹對這些事情的討論非常的詳盡，證明他對實際行政有相當精細的把握。無怪乎他這些辦法會在後代作為推行他的思想時的模型。然而，現代的學者常常只關心帝制時代中國的朝政，認為朱子這些最合新儒家說法的制度只屬地方層次，因此不予重視。所幸有一些研究中國社會的學者卻早已注意到鄉約制度在中國後代的相當複雜的發展[30]。這制度頗為人所重視，一方面固然是由於朱熹加以發揚，但另一方面也是它所具有自發及合作的性格，這些性格與新儒家學說中所強調的地方自主及自治的觀念相配合。上面所提到許衡的說法便是：「克己以治人」。

鄉約制度在發展過程中經歷種種變化，很難同時維持個人的主動性及團體的相互負責任；但是後代的改革家，像明朝的王陽明，都認為鄉約是促成地方自治的關鍵[31]。就王陽明言之，鄉約的自發性格與他自己提倡自發、主動的哲學相符合。職是之故，他與朱熹在地方自治的制度上自然就互得我心了；畢竟這種制度是根植於他們共同接受的信念。在韓國，鄉約制度在李朝甚至更為發達，原因是當時韓國新儒家大力推廣之故[32]。直到二十世紀，鄉約仍然是「克己以治人」原則下地方自治的重要制度。

上面所述雖不能全盤說明朱熹對平民教育的看法，但至少它可以讓我們了解朱熹絕對不只是關心受教育的社會菁英或只是關心領導階層應該如何控制那些未受教

28　木村英一：〈ヅシテと朱子の學〉，刊《中國哲學の探究》（東京：創文社，一九八一），頁二八〇。

29　參見朱熹：《文集》，一〇〇之六上—七上；木村：〈ヅシテ〉，頁二八二—二八七；酒井忠夫：《中國善書の研究》（東京：弘文堂，一九六九），頁三九—四〇。

30　參考諸如和田清：《支那地方自治》（東京：汲古書院，一九三九及一九七五年修訂本），頁五一—五二、一一九—一四五、二二四—二三〇；清水：《中國鄉村社會論》，頁三三九—三四九；酒井：《善書》，頁三四—五四。

31　見 Wing-tsit Chan（陳榮捷）, tr: *Instructions for Practical Living and Other Neo-Confucian Writing by Wang Yang-ming*（New York: Columbia Univerisity Press, 1963）, pp. 298-306.

32　參看酒井忠夫：〈李栗谷と鄉約〉，刊《東アジアの思想と文化》，一九七九年九月，頁一三四—一五四。

育的人。事實上，即使是他專為前者而寫的文章中也很少沒有不強調平民教育的重要性，認為它才是高等文化的基礎的。但是年代稍遠，使我們無法詳究當時的真情，我們可能因此對於朱熹對平民階層教育看法的影響認識不足。

在學者當中，大家普遍知道朱熹對於高等教育的看法，知道他對於課程先後何者該讀及應如何讀的意見。他認為下列是給那些少數能接受高等教育（或應說是「大學」）的人研讀的重要著作或演講：他的《近思錄》、《大學章句》及《白鹿洞書院揭示》。首二書將於下講論新儒家個人主義時加以討論，現在我集中討論朱子於淳熙六年（一一七九）寫就的《白鹿洞書院揭示》。白鹿洞書院成了東亞地區新儒書院的模範。

《白鹿洞書院揭示》一開始就重申一個人自我發展必須在一定的人際關係中來完成：

> 父子有親；君臣有義；夫婦有別；長幼有序；朋友有信[33]。
>
> 右五教之目。堯舜使契為司徒[34]，敷五教，即此是也。學者學此而已。而其所以學之之序，亦有五焉。其別如左：

博學之；審問之；慎思之；明辨之；篤行之[35]。

右為學之序。學問思辨四者所以窮理也。若夫篤行之事，則自修身以至於處事接物，亦各有要，其別如左：

言忠信，行篤敬[36]；

懲忿窒慾[37]，遷善改過[38]。

右修身之要。

33 《孟子》，〈滕文公〉。

34 《書經》，〈舜典〉；英譯見James Legge（理雅各）所譯 *Chinese Classics*（《中國經書》）（Hong Kong: University of Hong Kong, 1960 reprint）, 3, 44.

35 《中庸》；Wing-tist Chan: *Source Book in Chinese Philosophy*（《中國哲學資料彙編》）（Princeton: Princeton University Press, 1963）, p. 107（以下簡稱Chan: *Source Book*）.

36 《論語》，〈衛靈公〉。

37 《易經》，損卦大象；Wilhelm（衛理賢）and C. F. Baynes: *The I-ching or Book of Changes*（Princeton: Princeton University Press, 1950）, p. 159.

38 《易經》，益卦大象；Wilhelm and C. F. Baynes, p. 163.

正其義，不謀其利；
明其道，不計其功[39]。
右處身之要。
己所不欲，勿施於人[40]；
行有不得，反求諸己[41]。

從這些規章我們可以看出其中心是自己訓練自己，並要體諒別人。朱熹把自發的信念和推以及人的態度從平民教育中延伸至高等教育。就如同在《小學》書中所可看到的，教育過程乃由父子之間的愛的關係開始，而培養出一種親近及互敬的涵養。各種人的地位並不相同，但人際的關係必須在這種不平等的事實中發展出一種由共同生活而一齊接受的基本聯繫。

朱熹把孝順看作是一種相互的關係；這種看法當時並不是不普遍。陸象山的哥哥陸九齡（一一三二—一一八〇）便曾有詩這麼說：「孩提知愛長」[42]。佛家著述中亦不少把孝順當作重要事的看法。例如契嵩（一〇〇七？—一〇七二）便認為孝乃根本於父母之親情[43]。中峰明本（一二六三—一三二三）更這麼說：

> 天下父母之於子，既養之，復愛之。故聖賢教之以孝。夫孝者，效也。效其所養而報之以養；效其所愛而報之以愛。[44]

因此五倫會成了普遍接受處理人際關係及不可免的人際衝突的傳統智慧。朱子重申五倫，其原因可以是用來避免諸如個人與個人間意志的競爭或政府干涉時的壓力這一類的衝突情況。一個人自大，往往在像親子衝突之類的不平等情況下強把自

---

39 董仲舒語，見《漢書》（中華書局標點本，一九六二），卷五六，頁二五二四。

40 《論語》，〈顏淵〉、〈衛靈公〉。

41 《文集》，七四之一六下——一七上：〈白鹿洞書院揭示〉。

42 《象山全集》，四部備要本，三四之二四上，此詩經 Julia Ching（秦家懿）譯為英文："The Goose Lake Monastery Debate"（〈鵝湖寺論辯〉），刊 *Journal of Chinese Philosophy*（《中國哲學學報》），1. 2, 1974, 165.

43 參見契嵩：《鐔津文集》，四部備要本，三之二上—四上：〈原孝〉。

44 《天目明本禪師雜錄》，甲之三六六上：〈警孝〉，刊《大日本續藏經》，二，二七，四。轉引自 Yü Chün-fang（于君芳）替 Hok-lam Chan（陳學霖）and de Bary, eds.: *Yüan Thought*（《元代思想》）（New York: Columbia University Press, 1982）所寫有關明本的文章（pp. 459-460）。

己的意志加之於他人，其結果只會傷害了被欺負的一方的自尊心。強制的活動常常摧毀一個人的自發性。因此最好是培養相互間的愛，用愛來克服或認識人與人間的不同，強調人與人之際的關係，用它來定義個己，這種辦法好過極端的個人主義。

自發性與高等教育的講學

《白鹿洞書院揭示》的前段規矩強調社會關係。但後段則重視學術方面，反映了宋代學者的特殊關心。後半段雖然不能說不是對所有人都有普遍的道德意義，也不能說不適用於所有的情況，但這段話的氣氛基本上是學院式的；我們很難想像農民們會有什麼機會作諸如朱熹所注重的「博學之」、「審問之」、「慎思之」這一類的事。朱熹在結束語所談到學者所應持的態度時，其情形也一樣：

> 熹竊觀古昔聖賢所以教人為學之意，莫非使之講明義理，以修其身；然後推以及人，非徒欲其務記覽、為詞章，以釣聲名、取利祿而已也。今人之為學者，則既反是矣。然聖賢所以教人之法，具存於經，有志之士固然熟讀、深

思、而問辨之。

苟知其理之當然，而責其身以必然，則夫規矩禁防之具，豈待他人設之而後有所持循哉。近世於學有規，其待學者為已淺矣！而其為法，又未必古人之意也。故今不復以施於此堂。而特取凡聖賢所以教人為學之大端，條列如右，而揭之楣間。諸君其相與講明、遵守，而責之於身焉！則夫思慮云為之際，其所以戒謹而恐懼者，必有嚴於彼者矣。其有不然，而或出於此言之所棄，則彼所謂規者，必將取之，固不得而略也。諸君其亦念之哉。[45]

在這裡，我們再一次看到朱熹對教育的自發性的態度——他重視學者的自發，而絕不主張寬縱。可笑的是這些條例在新儒的學校中還是被稱之為「學規」。有些更以別的規定來補充它。這種演變好像是朱熹思想在後學中不可避免的命運似的。然而朱熹所希望強調的不外是以個人為主體，而不要立規章去指導他、束縛他。朱熹要我們知道的是：如果沒有個人的意志，不能像朱熹所說的「責之於身」，那麼

45《文集》，七四之一七下。

受教育便達不到「為己之學」的目的。

朱熹《白鹿洞書院揭示》是寫給學生的，因此他自然會從基本社會關係的討論轉移到比較學術性的關心。從朱子個人經驗言之，這兩樣東西都和生命緊緊地扣在一起。但是當我們循著他的程序去探討時，我們又會感到他同時也在替個人的角色作一種特殊而非普遍或一成不變的定義。確實，在他所講的角色中有一個就不是大家所尊重的五倫關係所能觸及的。而這個角色卻是朱熹自己的階級和文化傳統所很自然地接受的：這就是受教育的領導分子所扮演教師、學者和官吏的角色。朱熹在他主要的作品中對這些角色談得最多，也同時是在這些作品和背景中把「學以為己」的定義交代得最清楚。

從朱子對《白鹿洞書院揭示》所寫的跋語我們可以看出他的教學方法肯定了根植於相互尊重的個人問答為合適的學習方法。朱熹兩度指出學習的方式是由討論而開始：不只是依賴師生之間的交談，還必須依賴學生們自己的問辨探討的公開討論。所有的知識探索和研究、審查和結論都必須在這一來一往的過程中進行，讓學生有充分的自由來完成自己的判斷，並為自己的看法及行為負責。

朱熹也把這些原則應用在君王的教育上面，提倡講學問辨才是最好的自學方法。在一篇致孝宗皇帝論當時政策的長篇文字中，朱熹提出皇帝的第一件要務為「講學」。「臣聞天下之事，其本在於一人，而一人之身，其主在於一心。故人主之心一正，則天下之事無有不正。」朱子認為治天下的辦法莫過於將各種事情及問題的好壞影響都加以討論清楚，然後再作決定[46]。

講學或對話是傳統中國哲學思考的方式，但新儒學運動對推動這種哲學討論有特別值得注意的地方。在朝廷裡，新儒家對於所謂「經筵」中政策的討論特別重視，而經筵後來在朝鮮李朝的朝廷中更變成一種重要的制度。新儒家的教育迅速展開之後，一個國家接著一個國家都感得到知識活動受了鼓舞，新的學校和書院成了講學的中心，激發了個人的關心，使他們積極地參與大家共同關心的事業[47]。在社會的下層，這種講學的辦法在明代中末葉也極為普及，遠及窮鄉僻壤[48]，而十八世

46《文集》，一二之二上下：〈乙酉擬上封事〉。
47 見 *Neo-Confucian Orthodoxy*, pp. 29, 86.
48 見 Wm. Theodore de Bary: *Self and Society in Ming Thought*（《明代思想中的個人與社會》）（New York: Columbia University Press, 1970）, pp. 154-206（以下簡稱 de Bary: *Self and Society*）.

紀日本的心學也鼓吹這種方法[49]。因此可以說朱子的自發式的辦法在社會過程中自然地得到了實踐，使個人的自我訓練有所進步，也使團體的道德齊整有所發展。

「為己之學」的中心問題可以在張居正（一五二五—一五八二）這個權威型的政治家對於上述各種活動的反動看出來。張居正曾壓制地方書院中的普講及討論的活動。他假借「正統」的名義，以可疑的議論，提倡說凡足以自立的學者都應該「為己」而學，獨立進修，不應假借其他學者的相互奧援[50]。

必須注意的是這個時期的地方公開演講多採取討論方式，在上面所說鄉約的會中舉行。在這種會中，大家很自然地會交換意見，討論諸如在日常生活中的道德問題等等[51]。在這裡我們可以看出新儒家對識字及不識字階層的教育方法確實是一貫的，都是出自朱熹對自發性及人際之間的相互性的強調。

高等教育即廣泛學習

如果我們把「自由的」解作寬容或心胸開放，那麼朱子對高等教育的態度就還有一面可以稱之為「自由的」。在《白鹿洞書院揭示》中，他便認為學習過程的起點在於「博聞之」，而朱熹的學問在後來大家的評價中也是以其強調「博學」而給人印象最深。朱熹的全部學問也足以證明這一點。但是這一特點更是在他所提倡準備學者服務政府的特別課程中顯露無疑。在他的〈學校貢舉私議〉一文中，朱子主張的便是一種通盤的，代表中國人文傳統的廣泛課程[52]。

文中他介紹了兩種主要的「自由的」論點：一個是根植於一個受教育的人所該負的政治和社會的責任。朱熹認為這種人應該博通各門學問，以免他自己發現沒有能力應付當代社會的各種問題。朱子所講足以讓一個人真正在現世生活且應付他同時人的要求的廣博學問包括了禮樂、政制、天文、地理、軍事策略、刑法等科目。

---

49 參見Jennifer Robertson: "Rooting the Pine: Shingaku Methods of Organization"（〈窮根究本：心學的組織方法〉), *Monumenta Nipponica*（《日本學誌》), 34, 1979, 311-332.

50 見Tileman Grimm: "Ming Educational Intendants"（〈明代提學司〉），刊Charles Hucker, ed.: *Chinese Government in Ming Times*（《明代的中國政府》）(New York: Columbia University Press, 1969), p. 135.

51 酒井：《善書》，頁四六—五四。

52 《文集》，六九之一八上—二六上：〈學校貢舉私議〉。

朱子認為這些不過是其「大端」而已[53]。

朱熹另一個論點是：一個受教育的人不能太專注於自己的學問的追求，而應該採取更為廣泛、多元的態度，來了解聖人之道所形成的各種知識和訓誨。有許多知識早已殘缺不全，這已十分不幸，若學者更只鑽研一經或一子，那就更加不幸了。這種強調「道」之多元性的觀點無形中等於是在批評那些排斥道家或法家，不予研究的人。朱子認為道、法兩家的優劣俱為學者所應探討。同時，朱子這種看法也與其他像王安石的新儒家的教育及考試政策成了對比，後者主張科舉應該只考《詩經》、《書經》和《周禮》三書，而且只考他自己的《新義》[54]。

拿王安石的主張和朱熹的課程比較一下吧。朱子主張除了《易》、《書》和《詩》之外，應並及於四本論禮的書即《周禮》、《儀禮》、大小戴的《禮記》、《春秋》及其三傳、《大學》、《論語》、《孟子》及《中庸》。子學中，朱子又包括了荀子、揚雄、王充、韓非子、老子、莊子以及宋代的主要思想家的作品。其次又應誦習主要的史書，認為研讀史籍可以幫助我們了解當代的問題；主要的史籍包括了《左傳》、《國語》、《史記》、《前、後漢書》、《三國志》、《晉書》、《南、北史》、《新、舊唐書》、《五代史》，以及司馬光的《資治通鑑》。另外還有相等量有關上面所提過實學（如朝廷制度及方域之類）的文字（包括百科全書式的杜佑《通典》）也列為應讀之書。

任何人對這些書有了解就會知道朱子書目的嚴謹要求（恐怕只有少數人像黃宗羲或錢穆的才能真正讀完它們，或對它們有所心得）。朱子承認沒有人能一下子就對這些書有所把握，認為以三年的功夫也只能擇其所須，略有所進。然而，原則上沒有一本書是可以忽略的。他認為唯其如此，「則士無不通之經、無不習之史，皆可為當世之用矣」[55]。

上述即朱子為讀書之士所立的課程。這課程代表的是朱子所小心關心每一階層教育制度的最高要求。這個課程所代表的文化責任當然不是人人所需承擔的，而只應由受教育的領導分子來承擔；在朱子心目中，他們應該接受由高等教育所帶來的

53 同前註，六九之二一下。
54 錢穆：《近三百年學術史》，頁四—五；武內義雄：《武內義雄全集》，第四卷（東京：角川書店，一九七九），頁二〇七—二〇八。
55《文集》，六九之二三上。

政治及社會責任。由此言之，朱子所提出的教育系統，帶有優秀分子孤芳自賞的危險，只重視經學知識的廣泛或深刻的鑽研，但就朱子之理想言之，則不管這教育是給識字的或不識字的，朱子都主張應該推動根據於自發性及承擔相互責任的原則的自由教育。他也充分表現出他知道這些原則在付之實現時，其社會條件是各各不同的，因此在體現這些原則時，實踐的人要不斷地自我發現，相互討論，並促進社會的更新。這些過程的最高點又不外是「學以為己」的理想。而「學以為己」的理想更在朱熹的心目中應該將宋代社會及文化的崇高希求表現了出來。下一次論新儒家個人主義的演講中我們可以進而討論這個崇高的希求。

第三講

新儒學思想中的個人主義

當西方的自由主義和個人主義觀念在十九世紀傳到東亞的時候，這兩個名詞在中文和日文的用法裡並沒有精當的同義字。我們必須為它們另創新字。「個人主義」（日文亦同）這個名詞被用來指individualism特別強調互不相關而孤立的個體。這個名詞和我以前的演講中所討論過的儒家的「人格主義」（personalism）有所不同。「人格主義」認為個人與他人之間，與生物的及歷史的洪流之間，與道的有機進程之間構成一個動態的關係。「自由主義」（日文亦同）這一個名詞則用來指liberalism，側重在個體的自主性，也就是說人可以順其自我的性向而行。中文的「自由」這個名詞出現在許多近代的詞彙裡，它用來指西方政治及法律思想中liberty和freedom的許多不同方面。現在中共所用「自由化」這個名詞就是一個例子。

在以上這些例子中，雖然西方的觀念特別突出的是著重在個人，但東亞的翻譯者卻也沒有完全弄錯這些字所表達的內容，他們也沒有因為對這些字所代表的涵義感到陌生而出之以音譯。事實上，正如我在這次演講裡想說明的，在傳統的思想方式中，個人的自主性或「順性」這類觀念實不陌生。而且在選擇用「自由」這類名詞翻譯十九世紀西方「自由主義」觀念的時候就蘊涵著某些新儒家的思想傾向。西方自由主義觀念對個體自由的重視實在比最近佛蘭克（Charles Frankel）教授所給的定義所涵蓋的範圍要大。因此「自由主義」這個字雖然用來指整個西方或儒家傳統都非常方便有用，但就我們的演講來說可能不會比《韋氏國際大辭典》（第三版）中對liberalism所下的定義來得恰當：

> 自由主義是一種建立在對於進步，對於人的基本善性及個人的自主性的信念之上的哲學。它捍衛容忍的態度與個人的自由，使個人在生活的各個領域中不受獨裁權威的宰制。[1]

若干年前，我注意到十六世紀的明代思想家有一種個人主義思想的傾向，這種傾向在他們自己的時代裡被認為激進，許多近代學者也持有同樣看法[2]。但是，就他們的激進思想而言，王陽明門下的泰州學派諸子，尤其是李贄，似乎仍是只有把

1 *Webster's Third New International Dictionary*（《韋氏國際大辭典第三版》）（Springfield, Mass: Merriam, 1961）引M. R. Cohen言。

2 Wm. Theodore de Bary: "Individualism and Humanitarianism in Late Ming Thought"（〈晚明思想中的個人主義與人道主義〉），見de Bary: *Self and Society*, pp. 145-247.

他們當作新儒家長期發展下的結果才能理解。在這次演講裡，我要追溯這種個人主義在新儒家思想中的根源。

在「自由主義」這個名詞裡，「自由」這個「自」字是指「自我」（self）的意思，通常與「己」、「身」或「私」等字合用。正如「己」與「身」這兩字一樣，「自」這個字通常就譯為self[3]。在中國古文的用法裡，「自」也有「由，從，或出自」的涵義。因此它頗近似英文的「auto」。這一層自我衍生或自我發動的意義如與「由」字結合，則其涵義更為加強。因此「自」這個字與我們的接頭字「self」相應。舉例來說，《大學》上說：「所謂誠其意者，毋自欺也。如惡惡臭，如好好色，此之謂自謙。」這兩種用法（「自欺」與「自謙」）所蘊涵的意義是：價值的根源在於自我，面對事物所作的當下即是的、感情的、生理的反應是最真實的。新儒家在同樣的假設上出發，我們甚至可以用「自」這一個一再出現於新儒家論辯中的字來編一部道德行為的辭典。以上是一些常見的例子：

自然——「自然」意指的是自己的本身，而不是人為的或看來好像是人為的（「偽」）。新道家對「自然」許以最高價值。「自然」意指不受抑制的自發性或不計道德的、實用的隨意而安的情境。就新儒家的立場而言，他們雅不欲承認道德功夫與理性涵泳對人而言是不自然的。他們和孟子一樣，希望在下面兩種情形之間取得一個中庸之道：一個是放任，價值中立的實用態度；另一個是勉強用力，有意地下功夫。其實成長的自然過程有其事物內在的方向，因此他們常引述孟子的話說「忘記」或「助長」人的道德性都是不正確的。宋明思想界的一項中心關懷就是如何維持一個自然的、不虛偽造作的道德生活這個問題。因此吳澄在解釋朱熹《大學章句》的起頭語時，就指出道德心的修養是多麼自然地導致「新民」，因為他相信心志的修養會在人性的潛在能力中引起自然的共鳴[4]。

自任——這個觀念與道德生命中的自發思想相應，也與根植於「為己之學」的道德行為相關。所謂「自任」就是指一個人必須為自己的行為負起全部的責任，因為為了取悅他人而作的行為如正朱子所說的，將導致「自毀」。「自任」

3　依Bernhard Karlgren（高本漢）的說法，「自」字原與「鼻」或「息」意相連，可能與梵文之atman有近似之處，由「息」以及於「自己」。

4　見de Bary: *Unfolding*, p. 169；《吳文公集》，用台北中央圖書館藏萬曆四十年（一六一二）本，外集，二之十下—十一上。

的典故見於《孟子》〈萬章下〉，說「自任於天下之重也」。就新儒學言之，這與道德英雄的見解有密切關連，並成了新儒家的個人主義的關鍵信念。

自得——這個名詞帶有兩個重要的意義：一個比較平實，指為滿足自己而學習並體驗真理，並由此引發內在的滿足；在這裡「自得」帶有「為求滿足自己而學習」，「自滿」或「顧念自我」的意思。第二個意義具有比較深的內涵，如孟子所說「君子深造之以道，欲其自得之也。自得之，則居之安；居之安則資之深；資之深，則左右逢源，故君子欲其自得也〈離婁下〉」。相同地，莊子所謂的「內省得道」也是這個意思[5]。朱熹注《孟子》之「自得」時把它解釋為內心的默識及貫徹，好在自己心中自然地尋到道。他引用了程顥的話，認為「學，不言而得者，乃自得也；有安排布置者，皆非自得也」[6]。在程朱思想系統中，「自得」這個觀念的中心地位可以在一項事實中看出來：明代所編的新儒家哲學的「聖經」——《性理大全》這部書中「為學之道」第一頁就引程子的話。程子說為學求之於己，而且是「自求得之」[7]。因此之故，在各種可能的翻譯例如aquain、obtain、possess中，每一個字在不同的上下文意中都是恰當的，但我一般都用get這個字，它可以包容上文所引的兩種用法：「自求得道」，「自求滿足」。它雖然口語化，但頗合用。有時我則用 find，也還貼切。

「自任」與「自得」這兩個名詞在具有領導地位的新儒家重要的反省經驗及具有決定性的對話經驗中一再地出現。

朱子的《近思錄》卷四〈存養〉篇中，大部分的篇幅所關懷的就是自然以及如何實踐修身以為己而求道的問題，這個問題程頤特別關心。在程頤所著關於它的許多文字中，以下兩段最能闡釋這個論點：

5　見《莊子》，〈駢拇〉：「是得人之道而不自得其得者也」；〈讓王〉：「而心意自得」、「所學夫子之道者，足以自樂也」。英譯《莊子》，請看Burton Watson: *Complete Works of Chuang-tzu*（《莊子全集》）(New York: Columbia University Press, 1968), pp. 102-103, 310, 317.

6　參見朱熹：《四書集註》之《孟子》〈離婁下〉；《近思錄集註》，卷二之二二下（第四一條）及程顥：《遺書》，卷一一之四上（《二程遺書本》）。Chan: *Things at Hand*, pp. 57-58之英譯與山崎道夫在《朱子學大系》，第九冊，頁四一之解說有出入。我認為山崎說較確。

7　胡廣：《性理大全》，四庫珍本第五輯（台北：臺灣商務，一九七四），卷四三之九下，引《二程遺書》之卷六之六下。

伊川曰：「學者須敬守此心，不可急迫。當栽培深厚，涵泳於其間，然後可以自得，但急迫求之，只是私己，終不足以達道。」[8]

明道曰：「今學者敬而不自得，又不安者，只是心生。亦是太以敬來做事得重。此『恭而無禮則勞』也[9]。……恭者，私為恭之恭也。禮者，非禮之禮，是自然底道理也。只恭而不為自然的道理，故不自在也。須是恭而安[10]。今容貌必端，言語必正者，非是獨善其身，要人道如何，只是天理合如此。本無私意，只是個循理而已。」[11]

「學以為己」，而不應「學以為人」，這一點無庸多說。在其他的宗教傳統及倫理傳統中，這是一個很熟悉的問題：如何在道德生活及宗教的敬畏與接受之中保持平衡或協調[12]？在程頤思想中，這個問題由於他在使「敬」這個字的涵義不明而更形複雜。「敬」這個字的意思是「虔敬」（reverent）或「嚴肅」（serious）的意思。從程朱學派的立場來了解，它是指以符合人的良知的自然方式來結合道德功夫與宗教信持。對朱子而言，「自得」也具有一種在自我之中求道或得道的特別涵義。在《中庸》第十四章，「自得」就是用在這個意義之下。這一章描述君子之道在所有的生活狀態之中，皆能怡然自得，而且實際可行。《中庸》說：「君子無入而不自得。」朱子曾經對《中庸全書》的意義作這樣的簡要說明：

子思述所傳之意以立言。首明道之本原出於天而不可易，其實體備於己而不可離。蓋欲學者於此，反求諸身而自得之。[13]

8《遺書》，卷二上之二上；《近思錄集註》，卷四之六下；《朱子學大系》第九冊，卷四，頁一二九及三二〇；參見Chan: *Things at Hand*, p. 128. 我對這兩段話的了解主要是參考陳譯，但在重要名詞之處，我的解釋容有不同。

9《論語》，〈泰伯〉。

10《論語》，〈述而〉。

11《遺書》，卷二上之十六上；《近思錄集註》，卷四之七上下（第一六條）；《朱子學大系》，第九冊，卷四，頁一三〇、三二〇；Chan: *Things at Hand*, p. 128.

12 佛學傳統中亦有近似之說法，如日本淨土宗親鸞「聖人」所說的「自然法爾」，或禪宗大師所談的功夫的問題。參看Wm. Theodore de Bary, ed.: *Sources of Japanese Tradition*（《日本思想史料彙編》）(New York: Columbia University Press, 1958), pp. 212-218, 249-251.

13《中庸章句》，《中國子學名著集成》本，頁四九，註第一章語。

從以上的說明，我們可以了解，朱子的道統觀必已包含二程兄弟對於「自得」所持的觀念，以及陳長方所論聖人心學與「自得」間的關係。陳榮捷教授在討論朱子如何形成道統觀念的時候，就指出程頤所占的中心地位，陳榮捷說：「程頤的主要論點是：他的弟子從傳世的典籍中，自己獲得了孔門之道——意指孔孟之道。正如大部分的新儒家一樣，程頤的重點落實在『自得』。」相同地，林理查（Richard Lynn）就指出朱熹認為好的詩除了要能強調自然、自由和自發之外更必須是「自得」[14]。

作為理想個體的聖人

聖人的人格以及如何成為聖人，這是程朱思想的中心主題，也就是「為己之學」，這也是周敦頤（一〇一七—一〇七三）的巨著《通書》[15]的主要觀念。朱子從這個觀念裡，發展了他在《近思錄》這部書「為學」這一卷的主要內容[16]。程頤在他早年的論文〈顏子所好何學論〉[17]中對這個主題的發展有卓越的貢獻。朱子在《近思錄》的同一卷中早已引述這篇文字。與此相應的是朱自己的著作以討論為個人樹立典範的聖賢氣象作結束。

成聖長久以來就是中國思想的主要理想，對古典儒家及道家或新道家來講都是如此。二程兄弟及朱子對於成聖問題討論的特殊意義在於他們認為聖人並不是高遠的理想而是他們時代中的典範。二程及朱子深信聖人可學而致。周敦頤對這個信念的正面肯定也就成為新儒學文獻中被引用最多但也爭議最多的一段文字：

> 「聖可學乎？」
> 曰：「可。」
> 曰：「有要乎？」
> 曰：「有。」[18]

14 Chan: "Completion," p. 76；有關陳長方之事蹟可參看《宋元學案》，卷二九之七—一〇。

15 見Wing-tsit Chan: *Source Book*, p. 465以下。

16 《近思錄集註》，二之一上下；Chan: *Things at Hand*, p. 37.

17 《伊川文集》，卷四之一上—二上；Chan: *Source Book*, p. 547以下。

18 Chan: *Source Book*, p. 473.

周敦頤本人的著作以及其他新儒家思想的重要典籍都討論這條「要道」。因此，聖人不只是一般人理想的象徵性價值而已，它特別是個人修身的典型。程頤對於這一層意義有特別明確的討論，他說：

凡學之道正其心養其性而已，中正而誠，則聖矣。君子之學必先明諸心，知所養，然後力行以求至，所謂自明而誠也。故學必盡其心，盡其心則知其性，知其性，反而誠之，聖人也。[19]

就是如此簡單。對所有學生來說，沒有比這項指示更為開門見山、更當下即是了。如果一個人立志學為聖人，則他成為聖人的基本能力，絕不匱之。

程子後來又說：

後人不達，以謂聖本生知，非學可至，而為學之道遂失。不求諸己，而求諸外，以博聞強記，巧文麗辭為工。榮華其言，鮮有至於道者。則今之學與顏子所好異矣。[20]

這種「學為聖人」和「為己之學」（不是「為人之學」）之間的關聯性已豁然彰顯。兩者所要求的要件如出一轍。兩者都與當時流行的文風及雜學大不相同。實在說來，成聖之道代表了「為己之學」的方法，而就新儒家之修身來說，聖人已成為理想的自我。

這一點有兩項涵義。朱子解釋《小學》中「敬身」的涵義時就說這一卷是「仰聖模、景賢範」[21]的基本典範。但是，朱子在別的場合也強調聖人的人格來自自我之內。朱子門人曾問聖人之說是否可必信為個人為學及行為的規範。朱子說：「如今說與學者，也只得教他依聖人言語恁地做去。待他就裡面做工夫，有見處便自知得聖人底是確然恁地。」[22]換句話說，學者必須既求之於自己的經驗，又師法前賢典範，因此其成果既有個別性，又具有共同性。「聖人」是「自我」在這兩層意義

19《伊川文集》，卷四之一上；Chan: *Source Book*, p. 548.
20《伊川文集》，卷四之一下—二上。
21 宇野精一：《小學》，卷三，頁一三九。
22《朱子語類》（京都：中文出版社，一九七九），卷九三之九上；參見Chan: *Things at Hand*, pp. 204-205.

下的擴充：一是先賢在經典、史書中所展現的聖人典型的內化；二是個人經驗的投影或客觀化。

在這個過程中，個人自己時代的經驗與他那一代的觀念融合為一。朱子自己在《近思錄》末段就深深了解這一點。朱子重視個人經驗及有宋一代大師的典範較之他對古代聖賢相傳之統的重視實有過之而無不及。《近思錄》這部書的編纂就是為了開示聖人人格在當代的意義。朱子特重他同時代的聖賢的修身之教及其成就。而且，《近思錄》這部書對朱子門人的效用與魅力也就在其近代性與當代性之上。《近思錄》的讀者可以上友宋儒，因為宋儒的經驗與他們自己的經驗更為切近。因此，「聖人」就不再是過去時代中高遠的抽象概念，「聖人」成為意義明確的概念，而在某種程度之內，理想的自我在那個時代的特徵之下，也有了明確的界定。

我們生在後代，因此對於朱熹所能看到的界線有更清楚的了解。他對於人類共有的道德天性與其實踐的可能性有信心。在哲學的層面上，這是出於他對於人皆有道德之性及萬物皆有理的學說之上，認為萬物皆能與天地合德一體，而仍各具其本性。朱子有時用月亮照於水面的譬喻來形容理一分殊或理兼具普遍性及特殊性道理。這個譬喻源出華嚴宗。但它有一個缺點：月亮是真的，而倒影卻可能是虛幻的，會令人以為每個個人的本性只是某一個超越的實體的不完全的反映而已。朱熹因此後來必須用粟生為苗的譬喻：「一實萬分，萬一各正，小大有定……只此一個理，萬物分之以為體，萬物之中又各具一理，（此周子《通書》）所謂『乾道變化，各正性命……』。如一粒粟生為苗，苗便生花，花便結實，又成苗，還復本形……生生只管不已。」[23]在這裡，萬物各有實在的理，這裡是自我求全，追逐成聖的根本。這一點可以說無庸置疑，所有的人都有這樣的天賦。

朱子在寫作中時刻不忘人皆有能力成聖這個普遍的原則。他的《大學章句》序及注《大學》的起頭語強調新民及修身必須自普及教育開始。他又在《近思錄》序中表示希望這本書可以作為「窮鄉晚進」[24]修身學為聖人的入門之階。同樣的，朱子很推薦《小學》的〈敬身篇〉許之為「陶冶末學之士」[25]的作品。我們並不清楚朱子那個時代用語中「士」這個字的正確涵義。朱子很可能認為「士」這個階層在

23《朱子語類》，卷九四之八上下。
24 Chan: *Things at Hand*, p. 2.
25 宇野精一：《小學》，頁一三九。

其基本功能及信念上與古代的有知識的貴族或士大夫沒有基本的差異，雖然他也知道古今生活條件不同（例如教育行為及科舉的制度化這兩點就大不相同）。我們今日對於秀異分子的地位及士的領袖群倫的功能可能更為注意，以至於把士與鄉村地區的一般人區別開來。

自任於道

宋儒認為，受過教育的人必須出而從政，而且必須具備一些能造福人群的特殊技能。正如我們可看到的，程朱學派認為，政治的要件在於自我約束，尤其開始於人君的端正。這個信念也使得君與臣之間的關係成為五倫之一（所謂「君臣有義」）。臣必須輔佐君上修身及實踐道德生活。換句話說，臣是君的諮詢者、師傅，也是教師。

就二程兄弟和朱子來說更是如此。他們作為朝廷命官常常扮演教師的角色，例如以經筵講官的身分站在經書中的價值和原則的立場來析論時務。二程及朱子在奏疏及演講中都引導君主的原始動機，指出君主必須為道的行為負起一切的責任。這種信念常在「自任」一詞之中表達。「自任」與其他相關觀念（如「為己之學」、「自決」、為了道而立定主張或志願……等）有密切的關係。

程顥告訴皇帝說：

> 故誠心而王則王矣，假之而霸則霸矣。……陛下躬堯舜之資，處堯舜之位，必以堯舜之心自任，然後為能充其道。[26]

程顥思想中「誠」與「自任」之間的關係已在上文中豁然呈現。程頤也以同樣的語句來說明同樣的論點。他說：

> 治道亦有從本而言，亦有從事而言。從本而言，惟是格君心之非[27]，正心以

26《明道文集》，用「四部備要」《二程全書》本，卷二之一上。

27《孟子》，〈離婁上〉。

正朝廷，正朝廷以正百官[28]。若從事而言，不救則已，若須救之，必須變[29]。

程頤在一篇冗長的奏疏中就一再反覆說明皇帝必須以道自任。他認為治道的三要件是：一是皇帝以道自任；二是分擔道之責任；三是起用賢人以分擔同樣責任。他說：

所謂立志者，至誠一心，以道自任。以聖人之訓為可必信，先王之治為可必行，不狃滯於近規，不遷惑於眾口，必期致天下如三代之世，此之謂也。[30]

紹興卅二年（一一六二），朱子在一封奏疏中表達了他早期對政治的看法。朱子明告皇帝不可以依賴朱子及其他人所講的內容，必須透過客觀的研究，主觀的肯定，並與他人切磋，以求自得之道[31]。在這一篇以及其他文字中，朱子特別注重正心，認為正心是君主實踐對於道的行為所擔當的責任的基本方法。在某種意義下，我們可以說，這個方法就是從上文所說的教育觀中引申出來而延伸到政治領域的見解。就另一方面說，關於正心的基本要項早在朱子寫《中庸》序來作為修身的一般準則之前，就已經在這件奏疏中，在政治脈絡中加以提出了。這是很有意義的事情。通過出仕任官及擔負政務，朱子第一次思考了人類更基本的問題。

論者常謂，宋代政治生活的突出面就是權威的中央集權化與王朝的官僚制度化。有時學者用「宋代君主獨裁」來指中國帝王體制日趨專制的長期發展中的一個新階段。但是，我們也可以說，宋代代表了一個新的時代：士大夫階層崛起並在政治上發揮其影響力[32]。近代學者的意見與宋代政治家及史學家范祖禹的看法若合符

28 董仲舒語，見《漢書》，卷五六，頁二五〇二—二五〇三；《董子文集》，畿輔叢書本，卷一，頁五一。

29 《遺書》，卷一五之一七上；《近思錄集註》，卷八之一六下—一七上；Chan: *Things at Hand*, p. 213.

30 《伊川文集》，卷一之三上。

31 朱熹：《文集》，卷一一之四下。

32 參見 Robert Hartwell: "Patterns of Settlement, the Structure of Government, and the Social Transformation of the Chinese Political Elite, ca. 750-1550"（〈七五〇—一五五〇間定居型式，政府結構與中國政治領導階層的社會性的變遷〉），一九八〇年九月九日在Columbia University Seminar on Traditional China（哥倫比亞大學傳統中國研討會）發表，原稿 pp. 9, 18-19.

節。范氏認為宋代十分地鼓勵朝廷上的自由論辯，其幅度較前此任何朝代為大[33]。

這些潮流是同時出現而且同時並存的，彼此間形成互補而緊張的關係。官僚統治的中央集權化與日俱增，但是在某些範圍與層次上，這種發展卻賦予官僚階層更大的責任，也賦予統治者更大的權力。從這些受過教育而為民服務的儒吏看來，統治者這種權力既是極大的威脅，又是很有希望的機會。他們對皇帝講學特別強調皇帝必須使用其權力於善而不是惡的方向，他們也努力展示他們對以權力行善的信念，並使皇帝注意到失敗的結果。

特別是在北宋時代，對於人類可以創造性地使用他們的理性來完成好的行為的能力充滿了樂觀的氣氛。經濟的成長和文化的交流也加強了這種樂觀的心態。在某種程度之內，這種樂觀心態甚至支持了宋代變法人物在理想目標的追求上所一再遭受的挫折與失敗。因此，與二程兄弟，甚至身處更艱難的環境中的朱子同時出現的除了政治及文化上的危機感之外，也有一種堅定的理想主義的信念，認為人有其內在的力量可以抗拒外在的挑戰。

像二程子和朱子這種學者在朝廷上坦誠地發言，又在論著中勇猛地寫作，這種現象反映了他們那個時代的潮流以及他們那個階層的人士的某些特徵。全國，尤其是華中和華南地區的經濟發展，支持了大量受過教育的人士發揮他們政治及文化的功能，並且給予他們一種新的重要感，一種活生生的團隊精神，大大地加強了他們的自我形象與自信心[34]。這種現象不僅見於二程兄弟，也可以見之於他們的政敵如王安石、蘇東坡等人。

這種對自我的自信心當然不可以和後來西方中產階級那種更進取、更具擴張性的態度相比擬。如果我們可以認為宋代的士大夫曾發揮中產階級的政治功能的話，那麼，那只是因為這些士大夫是地方鄉紳，他們一腳站在泥土上，一腳則踏入官僚制度中[35]。這段時期內出現於中國的所謂「資本主義的萌芽」並沒有像西方的經濟及政治多元現象那樣的成長開花[36]。我們所得的資料顯示：不論是二程兄弟或是朱

33　范祖禹：《帝學》，《中國子學名著集成》本，卷三之六下—七上。

34　參見佐伯富：《宋の新文化》（東京：人物往來社，一九六七），頁三七二。

35　同前註，頁三七三以下。有關宋代學校的擴張，學者人數的增加以及參與考試人數之增長可參看John W. Chaffee: "Education and Examinations in Sung Society"（〈宋代社會的教育與考試〉）（Ph.D. Thesis, University of Chicago, 1979），p. 338以下。

36　有關此點，學者討論已十分詳盡，不熟悉有關文獻者可參考E. Balasz（白樂日）：*Chinese Civilization*

子都不是饒富貲財或生活優裕的人[37]，他們的門人也認為他們生活十分艱困[38]。這當然是可能的，因為即使是在紳士階層逐漸成長的潮流中，不同的地區、個人與家庭常有不同的成長及運道。話雖如此，宋儒畢竟還是有悠閒的時間來追求文化的興趣，享受士紳階層從發揮重要的官僚政治作用中所贏得的庇護，而且一旦陷於困境時也可以從其他的士大夫獲得支助。

二程兄弟自己的情況可以在一個小插曲中看出來。當時程頤任經筵講官，朝廷的習慣，講官必須向戶部申請薪水。這習慣本身就是生活日益官僚化的例子。程頤雖然必須借債度日，卻拒絕上疏。有人問他這件事，他說上疏求薪實屬降低身分之舉，尤其是對經筵講官來說更是如此。經筵講官是帝王之師，必須侍之以禮。他說：「今天士大夫道是個乞字慣，卻動不動又是乞也。」[39]

這件事情後來在中國典型的講究面子的方式下由別人代領，使程頤得到他的薪水。但對我們來說，這個故事具有下列各點意義：第一，程頤希望為朝廷的士大夫在面對統治者與日俱增的權力之下，建立一個獨立的角色；第二，程子自己承認他所信持的原則或標準，事實上並不廣受尊重；第三，程子只有在他的同僚的支持之下才能擺出這種非常高的姿態。士大夫階層的聲氣相通在這個相當勉強的維持自尊的事件中支持了程子。但是，這個事件如果有效果的話，也僅止於建立一個道德的論點，而不在於政治利益的獲得。因此，程子與朱子力勸皇帝師法聖賢，就是這種肯定個人的人格和自尊的一種表白方式。

朱子極力強調君臣關係基本上是一種道德的關係，其主要目的亦在於此。朱子希望建立君臣之間在道德上的平等地位，以及同僚間的互相聲援。這項努力和當時流行的臣是君的奴僕的看法正好相反。在這一方面，朱子希望為在朝之臣取得一個

---

and Bureaucracy（《中國文明與官僚制度》）（New Haven: Yale University Press, 1974），第四章，特別是pp. 53-54及上引Hanrtwell: "Patterns," pp. 32-33.

37 參見Conrad Schirokauer在Arthur F. Wright, ed.: *Confucian Personalities*（《儒家人物》）（Stanford: Stanford University Press, 1962），pp. 165-166的文字。陳榮捷的研究證明朱熹的生活極為微薄，以所經營的印刷副業作部分自奉之用。陳氏之研究係根據多年研究朱子的結果。見陳氏：〈朱子固窮〉，收入其《朱學論集》（台北：學生，一九八二），頁二〇五—二三二。

38 例如Wei-ming Tu（杜維明）："Toward an Understanding of Liu Yin's Confucian Eremitism"（〈試析劉因的儒家退隱主義〉），刊Chan and de Bary, eds.: *Yüan Thought*, p. 259; John Dardess: "Confucian Doctrine, Local Reform and Centralization"（〈儒家信念，地方改革及中央化〉），刊同書，p. 357.

39 《遺書》，卷一九之九上下。

更強的地位。程頤也肯定孟子的地位，堅決主張君臣之間是一種道德關係，勸戒為人臣者必須捨離與道德原則不合的君主。孟子說：

其尊德樂道，不如是，不足與有為也。[40]

朱子《近思錄》記錄程子之言曰：

士之處高位，則有拯而無隨。[41]
人苟有朝聞道夕死可矣之志，則不肯一日安於其所不安也。[42]

秦家懿教授對於新儒家在這方面的信念曾有這樣的描寫：

他們所認同的權威高於國家之上，這種權威本身即是經典訓詁的捍衛者，其地位甚至在經典之上。新儒家主要依靠他們自己的權威，他們以聖賢之道的詮釋者自期許。新儒家以扎實的古典學問自命，尤其特別以他們自己的真知灼見

> 來詮釋經典的精神涵義。因此之故，他們在政治的領域內就寧願為帝王的道德導師自許，而不只是作負責任的臣子而已。[43]

關於上文所說的「寧願」這個兩字，我們必須作進一步的說明。在二程和朱子的想法裡，他們之所以成為「有責任的臣子」乃正是因為他們批判帝王，他們以最高標準的政治道德來提升帝王，這就是他們所謂的君臣之間基本上是一種道德或義的結合的意義，君和臣都以治道自任。

40《孟子》，〈公孫丑下〉。

41《伊川文集》，卷四之二一下；《近思錄集註》，卷七之八下；Chan: *Things at Hand*, p. 190. 並見Franklin Houn: "Rejection of Blind Obedience as a Traditional and Maoist Concept"（〈傳統中國及毛澤東思想中反對盲從的觀念〉），刊 *Asian Thought and Society*（《亞洲思想與社會》），7, 21（New York: Sharpe, 1982), 266-269.

42《遺書》，卷一五之三下—四上；《近思錄集註》，卷七之一一上。英譯乃採自Chan: *Things at Hand*, p. 193.

43 Julia Ching: "The Goose Lake Monastery Debate," p. 175.

這種陳義很高的政治上的正道在實際政治上可能很難達到，但是它體現在二程子及朱子的行止上，而為後代的追隨著樹立一個很有啟發性的典範。在那些後代的追隨者中有許多儒家政治家就懷抱很大的個人的意願、堅定目的與勇敢的獨立性來抗拒巨大的政治上的不平等。在許許多多可加徵引的例子當中，明代的方孝孺（一三五七—一四〇二）和海瑞（一五一三—八七）就是兩個例子[44]。新儒家的這個傳統在對那種難以克服的要求順從的壓力的抗拒之下，他們捍衛了士大夫的尊嚴、誠篤和獨立。它樹立了人的道德及精神富源的高標準。他們高標那種近代人看來似乎是不可救藥的理想主義的英雄式道德。他們和孟子（見〈告子上〉）一樣，高標所謂「天爵」，「天爵」決於個人的德行而不決於特殊的社會地位[45]。

自得

在以上的討論裡，我已經觸及了新儒家在學校、家庭、社會及國家中所扮演的功能角色。傳統上，孔子認為這些是個人的基本角色。這種思想和孔子所說人必須先注意這些行為，然後行有餘力則以學文的說法是相應的（見《論語》〈學而〉）。

新儒家在宋代重新肯定了這個優先原則，但是他們是生活環境比較優裕的一群，他同時也比前此時代的人有比較多的餘暇來從事文化活動，他們也有更多可以支配的日益增加的物質及技術條件。一般來說，新儒學的中心也就是晚唐及宋代農業生產、貿易及人口增加的地區，也就是現在的江蘇、浙江、江西、福建、四川以及（由於政治及文化的而不是經濟的原因所形成的）京師地區[46]。宋代雖然在軍事力量上較為脆弱，但宋代確實出現了光彩奪目的文化成就。宋代爆發了在文學及藝術上個人的創造性，特別是在繪畫、書法及士大夫所從事的其他藝術領域上個人的表現

44 L. C. Goodrich and C. Y. Fang（房兆楹）, eds.: *Dictionary of Ming Biography*（《明代名人傳》）（New York: Columbia University Press, 1976）, pp. 426-433, 474-479.

45 朱熹：《文集》，卷六九之一八下。

46 Robert Hartwell: "Patterns"；斯波義信：《宋代商業史》（東京：風間書房，一九六八）。此書由Mark Elvin以英文節譯，題*Commerce and Society in Sung China*（Ann Arbor: University of Michigan, 1970），請參看英譯本之pp. 45-50, 202-213；佐伯富：《宋の新文化》，頁一四一—一六八、三七〇—三九二。

有了更大的自由。這一點在新儒家思想上也會呈現出來[47]。

但是，「文」這個字還有更廣的涵義，它指的是比文藝及美藝的休閒活動還更深刻的一些東西。這就是胡瑗說「詩書史傳子集垂法後世」的意思。因此「文」在這裡代表的是文化的最高價值，傳遞道與天命的人類文明。孔子說過他自己的時代與「斯文」相終始，許多新儒家也像孔子一樣地以在現世中重振「斯文」維繫道統為畢生之個人責任[48]。

透過這種方式，這些生活於相當富庶的時代裡的受過教育又是社會菁英分子的新儒家努力要把它轉化為一個更高的文化形式，並使人民過更好的生活。新儒家透過於他們那一個階層和那一個時代的特殊途徑，特別是以一種社會領袖的自覺感來挑起面對他們時代的社會文化危機的責任。新儒家在這項人道關懷的指引之下努力於復活傳統，而不僅僅是延續古典學問而已。這一點最足以顯示儒家菁英分子在宋代那個文化的最高理想[49]。

從這個觀點來看，我們可以說，作為新儒家根本理想的「為己之學」不僅在社會的功能性角色（所謂「用」）中透露，而且也顯示在儒者如何接上那個傳統、那個文化（所謂「文」）以及與日俱增的代表那個文化最高價值的那個「道」。我們可以說，在所有的偉大的倫理及宗教傳統中，就自我的自覺及自我的定位的過程來說，與經典的關係是很重要的。奧古斯丁（St. Augustine）的 tolle lege（拿起來讀）或與之相對的禪宗大師的毀棄經書都是具有普遍意義的典範性的行動。話雖如此，可能沒有任何一個其他的傳統像儒者那樣確然不移地認同於學問。儒家沒有祭司性的、宗教性的或寺院的活動，他們只研求學問，從事文學活動。但對儒者來說，這些活動可能比基督徒、猶太人、回教徒、印度教徒或佛門子弟的活動更具有中心地位。職是之故，我們必須在這個文化脈絡之中來掌握新儒家個人或個人主義的決定性特徵。

在二程子和朱子的著述及語錄中，個人與道統的關係一直是思辨的一個中心主題。一般來說，他們所同樣強調的有二：一是從經史之中求道；二是與經史中所展

47　佐伯富：《宋の新文化》，頁三八一—三八五。
48　朱熹：《文集》，卷四七之一七下；〈致呂祖謙書〉。
49　佐伯富：《宋の新文化》，頁三七〇以下。論宋代學校由於缺乏更高的理想而產生危機，請參看 Thomas H. C. Lee（李弘祺）："Life in the Schools of Sung China"（〈宋代學校生活〉），*Journal of Asian Studies*（《亞洲學報》），37（1977），58-59.

現的聖人心靈與個人的涵融與互動。兩者缺一不可。程頤和朱子在這個目標的追求上都很講究方法，而朱子在他的《中庸或問》中對於這個過程就有一段明確的說明。這一段文字和他所寫的《白鹿洞書院揭示》所談的是一樣的，就是「博學」、「審問」、「慎思」、「明辨」、「篤行」的次第。朱子說：

備事物之現，故能參伍之以得所疑而有問。問之審然後有以盡師友之情，故能反復之以發其端而可思。思之謹，則精而不雜，故能有所自得而可以施其辨。辨之明，則斷而不差，故能無所疑惑而可以見於行。行之篤，則凡所學問思辨而得之者，又皆必踐其實而不為空言矣。……[50]

程頤也重複同樣的論點，他說：

學者要自得。六經浩渺，乍來難盡曉。且見得路徑後，各自立得一個門庭，歸而求之可矣。[51]

在求學的過程中，如果老師沒有考慮到學生必須從經典中求得自己的門徑而不是接受他人既成的解釋的話，那麼就可能產生問題。程子說：

說書必非古意，轉使人薄。學者須是潛心積慮，優游涵養，使之自得。今一日說盡，只是教得薄。[52]

如果為學是為了求道的話，那麼，讀經必然是一種高度的個人經驗。學者自己必須弘道。程子說：

經所以載道也，誦其言辭、解其訓詁，而不及道乃無用之糟粕耳。覬足下由

50《中庸或問》，《近世漢籍叢刊，思想三編》本（京都：中文出版社，一九七六），頁八二。英譯參見Chan: *Things at Hand*, p. 69.

51《遺書》，卷二二上之一四上《近思錄集註》，卷三之十下—一一上；Chan: *Things at Hand*, p. 97.

52《遺書》，卷一五之一九下；《近思錄集註》，卷一一之七上；英譯參見Chan: *Things at Hand*, p. 264.

經以求道，勉之又勉，異日見卓爾有立於前，然後不知手之舞足之蹈，不加勉而不能自止矣。[53]

程子在上文以及其他無數的著作中極端強調學習過程的感情面。學者能為學習所移，不會毫無效果。程頤對於以靜坐的方式來獲得安寧、鎮靜或他最喜歡講的「敬」這一點加以認可。但是，靜坐的目的是為了靜心以去人欲，致力於大公無私的目標。主敬的人絕不會無生命或無知覺。在最基礎的層次上，他會體驗「自謙」的境界——這與《大學》第六章所謂「誠意」是並行的。在一個較高的層次上，人的氣質之性將會完全融化於聖人人格的追求之中。如此一來，經典的研讀如果不夾雜見不得人的動機或自私之念，就可以成為很能鼓舞向上的力量。經典的研讀會啟發一種皈依的經驗，一種對於期望成為聖賢的精神鼓舞。因此，程頤談到讀《論語》時，他說：「如讀論語，舊時未讀，是這箇人。及讀了，後來又只是這箇人，便是不曾讀也。」[54]他又說：「論語有讀了後全無事者；有讀了後其中得一兩句喜者；有讀了後知好之者；有讀了後不知手之舞之足之蹈之者。」[55]

要得到手舞足蹈的效果，學者就必須從精神和感情及理智上來研讀經典。學者必須品「味」經典的神韻並且把經由真知所產生的見解融入心中[56]。學者如要對諸如《論》、《孟》之類的經典細加訓解，他必須先掌握其上下文意。但是，光是這樣仍舊不能夠了解經典的通盤意義[57]。這種意義常不能加以言詮。如要對這種意義有所體會欣賞，就必須有深層的思考與反省。但是學者同時也必須努力形成主見，因為他自己思想的形成將有助於經義的澄清。「凡致思到說不得處，始復審思明辨。」[58]

這種兼顧動態的及反省的、感性的及理性的讀書方式有其批判面，也有其創造

53 《伊川文集》〈補遺〉，頁三上：〈與方元寀手帖〉；《近思錄集註》，卷二之一四上（第十五條）；英譯參見Chan: *Things at Hand*, pp. 47-48.

54 《遺書》，卷一九之一一上；《近思錄集註》，卷三之一四上（第三十條）；Chan: *Things at Hand*, p. 100.

55 《遺書》，卷一九之一一上；《近思錄集註》，卷三之一六下（第三十八條）；Chan: *Things at Hand*, p. 103.

56 《遺書》，卷二上之二一上，卷六之六下，卷一九之一一上，卷二二上之一上及六下；《外書》，卷三之一上，卷五之一下，卷一一之四下及六上。

57 《外書》，卷五之一下；《遺書》，卷一一之四上。

58 張載語，引見《近思錄集註》，卷三之十下；Chan: *Things at Hand*, p. 97.

面。這種讀書方式使學者對於其所承受的傳統有所致疑，並能由此對道的掌握作全盤的衡量與積極的實踐。程頤說：「學者要先會疑」[59]。張載（一〇二〇—一〇七七）積極也確認從新角度來看事物的必要，他說：「義理有疑，則濯去舊見，以來新意」[60]。朱子稱這種讀書法為最好的用功之法，並在他與呂祖謙論為學之方的函札中特別加以徵引，也編入《近思錄》之中[61]。諸橋轍次在他對宋學所作的精深研究之中也認為這種懷疑方法是新儒家為學的特殊法門[62]。

這種對於其所繼承的傳統加以懷疑的態度正是整個宋代學問的重大特徵。作為宋儒對於經典的全盤解釋與重組基礎的正是宋儒那種對於漢唐「古典」學的懷疑態度[63]。這也是自歐陽修（一〇〇七—一〇七二）以降至於馬端臨（一二五四—一三二五）這些宋代史家作品中最值得注意的特徵[64]。尤有進者，當北宋那種比較外向的形貌逐漸走向內向，而宋人對於當代及近代的不滿之情逐漸指向作為社會改革的先決條件的自覺與自我提升的時候，這種致疑的態度和批判的方法就更深深地契入於程朱修身的新傳統了。如《近思錄》及朱子所結集的「四書」這些深具影響的經典鼓勵了這種自覺的批判的態度的發展[65]，而且也具體地把這種精神落實在經典研究之中。因此，後代讀這些經典的學者就會發現他們的注意力深深為這種自覺心與自主的運作所吸引。在程頤和朱子的思想中，在靜默的心情之中來思考及評價經典這項工作是別無他物可以取而代之的。

同樣重要的是，和這種懷疑態度並行的是一種肯定的、創造性的方法，這種方法從批判舊學之中汲取新知。是的，早已建立的傳統是以孔子為學者所師法的典範，而孔子卻自稱是一個述而不作的人。在這個傳統中，完全原創性的東西會被視

59《外書》，卷一一之二下；Chan: *Things at Hand*, p. 94.

60 張載：《張子全書》，《近世漢籍叢刊》本，卷七之五上。

61 朱熹：《文集》，卷四七之三十上下：〈致呂祖謙書〉；《近思錄集註》，卷三之十上；Chan: *Things at Hand*, p. 96.

62 參見其《儒教の目的と宋儒の活動》（東京：大修館，一九二六），頁七九八。

63 de Bary: *Unfolding*, pp. 143-147.

64 de Bary: *Sources of Chinese Tradition*, pp. 492-509; James T. C. Liu（劉子健）: *Ou-yang Hsiu*（《歐陽修》）（Stanford: Stanford University Press, 1967）, pp. 90-102; Hok-Lam Chan（陳學霖）: "'Comprehensiveness' and 'Change' in Ma Tuan-Lin's Historical Thought"（〈馬端臨史學思想中的「通」與「變」〉），刊Chan and de Bary, eds.: *Yüan Thought*, pp. 41-45.

65 參見Chan: *Things at Hand*, pp. 88-122.

為於義有所未安的成就。程頤和朱子雖不標榜自己，但是他們常推崇其他宋儒的卓越貢獻。

程頤極端推尊張載的《西銘》，認為這篇文字把儒家的自然神秘主義做了最有力的表達，肯定了人與宇宙萬物的親近性。程頤之兄程顥稱讚《西銘》的純粹與崇高，並認為此文是自秦漢以降無與倫比的一篇文獻。程頤更進一步地說，《西銘》所示為先聖所未發。程頤把《西銘》和孟子的性善說以及「浩然之氣塞於天地之間」的理論看成都是重要的有原創性的見解[66]。

接著，朱子認為程頤「發明」了人的氣質之性，最有功於名教。朱子認為程頤既發明氣質之性，則其餘「凡言性不同者皆冰釋矣」[67]。

朱子也推崇程頤對於《易經》的解釋。近代學者認為程頤對《易經》的解釋只是他自己思想的非法建構而已，朱子自己也注意到程頤之說並非《易經》的原意。但是這並不因此使朱子不願肯定其價值[68]。相同地，朱熹認為程頤在面對佛學的挑戰時發展了前此未有的儒家對心的學說及涵養的方法[69]。這就是為什麼朱熹下一代的門人真德秀會推尊程顥的原因。他認為程顥從他心中拈出天理之說。天理的學說在《禮記》可以說沒有提到[70]。

明清兩代的批評者回顧這段經驗時，把它視為學術思想的革命時期，這是不足為奇的。《四庫全書總目提要》的編者說：「蓋由漢至宋之經術於是始盡變矣」[71]。明人祝允明（一四六一—一五二七）對於程朱學派自以為發漢唐所未發的經書真義，自以新學的守護神自居，未曾坦承他們所承受的漢唐舊學的遺澤這幾點都大加撻伐[72]。

從這些例子及第一講所舉的例子看來，可見程朱學派，尤其是朱子寧將傳統視為動態的而不是靜態的，是活動的而不是過去留下的死板紀念碑。它不只包括古典

66《遺書》，卷二四之七下；《文集》，卷五之一一下。
67《朱子語類》，卷四之一二下，頁一一二。
68 同前書，卷六七之六下，頁二六二八。
69 同前書，卷一二之九下，頁三三四。
70《西山文集》，卷二四，頁四一〇。
71 紀曉嵐等：《四庫全書總目提要》（上海：商務，一九三三），卷三六，頁七四二。
72 見Christian Murck: *Chu Yün-ming (1461-1527) and Cultural Commitment in Su-Chou*（《祝允明與蘇州的文化熱誠》）(Ann Arbor: University Microfilm, 1979), 2, 311-312.

的四書五經所顯示的真理，而且包含由有宋一代個別學者所帶來的「發明」，沒有這些學者的貢獻，道將沒沒無聞而消逝。道的觀點並不等於成為現代西方自由主義基礎的進步的觀念，但它也不應該被忽視，看成是作為肯定個人創造性價值的基礎而已。

以後的學者，尤其是十八、十九和二十世紀初期的學者，傾向於用歷史的和批判的眼光來看宋學，他們也有點贊同新儒家在詮釋古籍時所採的自由態度。他們認為宋代理學大師的新架構只是把他們自以為是純潔的孔孟遺產偶像化，然而在宋代，光是純粹批判或懷疑的態度是不夠的。二程兄弟和朱子在更新和重建的時代，心靈上有更大的需要和決心。在他們看來，懷疑並採取質問的態度只是學術探究的一個起點，而不是目的。他們一再強調說他們相信有一個可以領導人達到這種為個人或社會所喜歡的結果的方法。這方法或許不能帶給我們永恆而絕對的答案，但至少可以指引我們的人生，讓我們對於修道作出我們的貢獻。這點在朱子的「學規」和程頤對學習過程的解釋中已可見一斑。從這一節所引用的張載的文字裡看來，他不只「濯去舊見」而且「以來新意」，而且，一個人更須得朋友之助，「日間朋友論著，則一日間意思差別，須日日如此，講論久則自覺進也」[73]。

由這一節及其他章節所引用的文獻中，我們可見個人必須在古籍思想上的交互影響及同僚間自由交換意見這一點上有所貢獻。因此個體特殊的貢獻是受到認同和鼓勵的，這不是因為新奇或革新，或因為它本身價值之不同，而是因為個體被期望去發展他自己的才能並使自己投入一般學術事業中。在自我和傳統、個人和社團中維持一種微妙的平衡。

根據這些重要的說明，我們可以說，新儒家學者的文化行為中表現出一種個人主義，並且我們也可以觀察到與自主的心的學說有關的一些價值——諸如自知，批判的意識，創造的思想及獨立的努力和判斷等等，終於在後來學校的課本中出現。

這種對於個人的重視以及人的創造性天賦的推尊在文化領域中最為突出。它是宋代士大夫階層以及支持他們的其他階層所參預的高度文化活動的自然成果。換句話說，我們在此所說的個人主義思想反映了那個時代的士大夫階層的特殊功能與角色，那個時代的普遍繁榮，以及當時受佛教關心自我的學說所支配的宗教氣氛。最後，它更反映了這些現象與中國固有人文傳統相互啟發的情形，這個人文傳統特別

73《張子全書》，卷七之五上。

推重獨立的學者對文化及政治作出貢獻的重要價值。

現在就本次演講以及與我們所關心更廣泛的主題作一個結論。我們注意到以上所說的這些發展與莫萊（Gilbert Murray）筆下的西方自由主義之間的相似之處。莫萊氏認為自由主義不僅是一種近代的政治態度，也徥一種通貫古今的人道傳統。這種傳統是那種有閒而且在某些方面是特權階層人物所創造的成果，這些人物「努力於把他們自己的權利拓展到更廣大的範圍」，其目的在於追求思想及論辯的自由，也同樣追求個體良知的自由運作與公眾福祉的提升[74]。

在中國，我們當然可以問這麼一個問題：個人主義也同樣由少數特權分子所締造，那麼其結果是不是只讓士大夫益為自大呢？或者他們也曾努力要把這些價值傳開去，讓更多的人分享這些價值呢？這個問題可以在明代的發展中找到一些答案。

74 Murray: *Liberality and Civilization*, pp. 30-31.

第四講

明代理學與黃宗羲的自由思想

在上幾講中，我討論了宋代新儒學中一套帶有「自由精神」的觀念。首先我談到「道統」，認為它指的是一個人應當從傳統中發明新義，並在新的立場上採取批評的態度以攻擊當代流行的弊病，提倡改革。其次在第二講中我談到了「為己之學」，認為它強調的是在私人和公眾教育中的自發信念。與這自發信念有根本聯結的是在鄉約或講學中所表現出的相互存敬的精神，帶有自由意味的「博學」觀念也與此相互存敬的精神有密切的關連：要敬審事實，並尊敬他人的學問，以達到自己的結論。在第三講中，我討論了兩樣與個人有關的觀念：一個是「自任於道」，一個是「自得」，這兩個觀念所表達的是一種道德和文化的個人主義，宋代讀書人所扮演的公共角色及學術活動就是這種個人主義所希望表現的特色。

這些觀念與「道學」一齊從朱熹往後傳，經宋代末葉，元以迄於明。這期間由「自任」所形生對個人的道德英雄主義的崇拜就與「道統」的觀念結合在一起。魏了翁所敘述的真德秀便是這種發展的代表。他把真德秀拿來和二程兄弟等量齊觀，也拿他和作品遭禁，被宣稱為偽學之後的朱熹相比擬。魏了翁認為真德秀就是在這種昏暗的日子中，「慨然以斯文自任，講習而服行之」，才能在偽學解禁之後，真理得以在中國光大[1]。

元朝的主要新儒家承續了這種對道統的信念，覺得他們也一樣肩負了護衛或發揚道的責任。他們對道有著深切的關懷，內心受其驅使，以致往往遺世而獨立。史書上說許衡在元朝入主中國之後便擔負了朱熹的志願，將朱子的著作，教訓都收集研究，並且用心將這些教訓用普通可以明白的話向元朝君王宣揚[2]。與許衡齊名的偉大理學家劉因（一二四九—一二九三）則採取了另一種辦法，來應付對他們自己責任的要求——許衡認為在元朝治下，為了宣揚儒學，便必須出仕；劉因則覺得為了道的純真，他應該拒絕任官。不管他們有何不同，他們對於宋代新儒家為道所付出深刻的個人忠誠都極為欽仰[3]。劉因為程氏兄弟所啟發，認為二程子「幫助他了解天地萬物之理」[4]。杜維明說：「劉因嚮往超凡的勇者，這不只是因為他年輕心

1 魏了翁：《鶴山先生大全集》，四部叢刊本，卷六九之二一上下；《宋史》（標點本，一九七七），卷四三七，頁一二九六四。

2 歐陽玄：《圭齋文集》，四部叢刊本，卷九之一上。

3 許衡：《魯齋全書》，《近世漢籍叢刊》，第二輯，卷二之三二上—三三下。

4 Tu Wei-min: "Toward an Understanding of Liu Yins' Confucian Eremitism"，刊 Hok-lam Chan與W. T. de Bary編：*Yüan Thonght*, p. 256.

思冒險犯難而已。從他的詩文中，我們可以看出他對於勇者是有一種不斷的景仰之心的，認為他們那些超凡的事蹟為天下所共欽慕。」[5]劉因所欽佩的英雄中有朱熹的老師李侗（一〇九三—一一六三）。他欽羨李侗，因為李侗具有朱熹在《延平答問》中所說的真與誠。《延平答問》也強調「自得」。劉因以特立獨行而名聞一時，但他對於朱熹和宋學卻佩服備至。從平常人看來，特立獨行的品格與五體投地的信仰是相為乖違的，但是在劉因（以及其他新儒家）的方寸中，宋代理學諸子就是因著他們自己的誠真及對追求聖人的艱辛努力而使人景仰、欽敬。劉因和他的同道們便是因為知所仿效，才能因此得以特立獨行。杜維明說：

> 雖說劉因對於朱子和宋學是全心宗仰，但他也絕對堅持要維護他自己的獨立心靈，好作為對價值及關心的最後判斷。他有信心地認為人心中固然備具了千古的著龜，但一個人的良知卻不可被外來的意見所動搖。就是權威如宋代諸子的教訓亦同。[6]

由此我們可以看出劉因是由於宗仰朱子而得能培養其獨立的心靈，而不是由於想解脫朱子而得以如此。十四世紀以經學有名的新儒家吳澄（一二四九—一三三三）是另外一個重要例子。吳澄也是接受朱熹對道統的看法，受宋代諸子的感動，遂決心發揚先聖的道學。但他卻仍然能自外於政府的儒學正統，不為所動[7]。吳澄年輕時深為朱熹所提倡宋諸子之英雄理想及自任於道事蹟所激發[8]。他真是想知道難道他所處的時代就不需要這種英雄事業。他說當時所說的「英雄之士」不外是指那些善武功，能飲酒賦詩的人。但這些人其實只能自表現於人而已，他們並不能真正通達人之為人的本質。

5　同前註，p. 255.

6　同前註，p. 256.

7　參看拙著*Neo-Confucian Orthodoxy*, p. 150.；吳澄：《草廬吳文正公全集》，四庫全書珍本第二輯，卷八之一下；或崇仁萬潢校刻本（乾隆二十一年即一七五六年刊），《外集》，卷二之一四上—一五下：〈道統〉。

8　虞集：《道園學古錄》，乾隆四十一（一七七六）年崇仁陳兆履刊本，卷四四之五上—六上：〈行狀〉。

然則何如斯可謂豪傑之士？我朱夫子所謂才智過人者是也。夫所謂過人者，度越一世而超出乎等夷者也。戰國時天下靡然，率為功利之趨，而其間惑世誣民，充塞仁義，如楊、墨之徒者，抑又滔滔也！且當是時也，孔子徒黨盡矣，而有孟子者。生乎其時，挺乎其中，不趨於功利，不惑於楊、墨，確然願學孔子，何其壯也。卒之得吾夫子之傳者，孟子也。以戰國之時而有孟子，蓋曠世一人而已。嗚呼，孟子其真豪傑之士也歟！……

孟子死，聖人之學不傳，曠秦漢、三國至隋唐、五季，千有餘年，學者溺於俗儒之陋習，淫於老佛之異說，而無一豪傑之士生於其間，僅有一韓愈……。至於我朝，天開文治，篤生異人，周、程、張、邵，一時迭出。嗚呼！盛哉！夫斯文之喪人矣，世之人，其父兄相與講明，師友相與傳習，以為學者，果何事也！而周子乃獨能超然默悟此道於千載之下。二程子又獨能以周子為師，而從學焉！……至於邵子，則又獨能默悟天地之化，窮極象數之微，……非蓋世之豪傑而能之乎！

然當時遊程、張之門者，未能得程、張之道。南渡以來，去程、張殆將百年，而閩中有朱夫子，又能集數夫子之大成，則朱子又中興以後之豪傑也！朱子沒至今逮將百年矣！以紹朱子之統自任者，果有其人乎！[9]

雖然吳澄後來把這篇文字和其他年輕時的作品收入他文集的附錄裡頭，認為這些作品中不成熟的意見不值得辯護，但這裡可以看到一些基本見解——替聖賢之學作英勇的宣揚，以之為一己之責任，盡一己之力量在世道日衰的日子堅守不已——這些見解都在虞集替吳澄所寫的傳記中成了主要的說法，也成了後代儒家很明顯的象徵[10]。

最近錢賓四先生在所著《從中國之歷史看中國國民性及中國文化》一書中曾說中國傳統中對於個人主義只列於附屬的地位，以對豪傑之士的崇拜為其形式，他認為這種態度與西方的個人主義相似，但是中國人對道德上的謙遜附有較高的價值，認為這樣的領袖人物才能將各樣分裂的分子統攝起來[11]。錢先生將這種英雄崇拜拿

9　吳澄：《吳文正公全集》，用崇仁萬潢校刊本，《外集》，卷三之一上—二下：〈謁趙判部書〉。

10　虞集：〈行狀〉，刊《學古錄》，卷四四之三上—一八下。

11　錢穆：《從中國歷史來看中國民族性及中國文化》（香港：中文大學出版社，一九七九），頁四

來說明中國的個人主義傳統是很有意義的。但和他對這種英雄主義的缺點所作的批評同樣有意義的是吳澄及其後的虞集所批評的通俗觀念。對吳澄來說，真正的英雄和真正的個人必然是那些能傳道統的，諸如宋儒一類的人。因此他們所講的是新儒家的道德個人主義；這種個人氣質與一般通俗觀念下的英雄有若干相似之處，但也有相異的地方。我相信錢先生一定會贊成說中國傳統中確是有這種道德的個人主義[12]。

然而，我們也難免因此可以看出吳澄所主張的新儒家個人主義是受教育的上層分子的產物，因此它也容易流於變成自我陶醉（或者在受挫時就變成自我憐惜）的工具，表現於吟詩、醉酒之間；只專注意自己，不再以服務百姓或闡揚真道為職志。因此英雄的事蹟可以從自我犧牲的殉難行為到與追求唯美的自我放逐幾不可分的「自得其樂」。

這一類的觀念在明初由吳與弼（一三九二——一四六九）及陳獻章（一四二八——一五〇〇）兩個人表達了出來。黃宗義認為兩者是把新儒學所宣揚的積極性及充滿活力的道學介紹入明代這個重要階段的人。吳與弼特別強調一個人為道德而努力的重要性：

夫聖至於堯、舜、周公、孔子，無以復加矣，而其量豈足而心豈少息哉？後之英雄之士，卓然特立者，其量蓋期於堯、舜、周公、孔子，而其心亦以堯、舜、周公、孔子之心為心。一念慮、一動作，數聖人常在目前。[13]

如果聖人代表的是一種思想的自我，是作為個人的模範，那麼吳與弼所追求的

七—五九。

12 錢賓四先生於其「錢穆講座」前一年出版了《中國學術思想史論叢》第六卷（台北：東大圖書公司，一九七八），其頁五五中曾論及吳澄，並引了我上面（註9）在論英雄時所引的信。但錢氏所引者為虞集所撰吳氏之〈行狀〉中相當刪節的轉載文（出於該〈行狀〉之五上—六上），因此不能清楚地將原文中吳澄對於一般人所持英雄觀念的批評交代出來。至於錢氏在《民族性》一書所討論者當然僅限於吳氏思想之一般特色，而非專論個人主義，即前述《中國學術思想史論叢》之文章亦只及中國傳統之一般性格，而非專論新儒學之發展。我因此相信在兩者之間錢先生一定可以找到同意我這裡的解釋的地方。

13 吳與弼：《康齋集》，四庫全書珍本四輯（台北：臺灣商務，一九七三），卷八之一六下；引見Teresa Kelleher: *Personal Reflections on the Pursuit of Sagehood: The Life and Journal of Wu Yü-pi (1392-1469)*, p. 405.

角色便是孟子的「大人」[14]、「大丈夫」[15]——以個人來成就道德的英雄[16]。這裡「大人」與「聖人」的關係就如同菩薩與佛的關係一樣。朱熹以人具有內在為善的能力來作新儒學人性論的基礎，取代了以前佛教的人皆具佛性的說法。人皆有佛性的說法在《妙法蓮華經》中有相當突出的說明，而正如佛家說法，「大人」可以幫助其他人來完成成聖的內在能力，正如《法華經》中所說菩薩能助人成佛一般。對朱子言之，「大人」必須是身心真正成熟，能在大世界中真正扮演「成人」角色的人[17]。在這個層面的意義說來，孟子以「大人」為「大丈夫」（《孟子》〈滕文公下〉）不外是這個意思：

> 居天下之廣居，立天下之正位，行天下之大道。得志，與民由之；不得志，獨行其道。富貴不能淫，貧賤不能移，威武不能屈；此之謂大丈夫。

宋朝時，程顥就曾把這一點在詩中發揚：「富貴不淫貧賤樂，男兒到此是豪雄」[18]。就如許衡後來根據朱子註《大學》開頭語所用到「大人」而講的：「大人為學，既明了自己明德」，貫徹《大學》的教訓。「又當推此心，使那百姓每各去其舊染之污，以明其明德也，都一般不昏昧。」這樣一來，「大人」才能因「親民」而達到《大學》所標榜的「新民」的理想[19]。

這麼說來則吳與弼的學生婁諒（一四二二—九一）會繼續提倡上述的觀念就不奇怪了。婁諒後來對於陽明追求成為聖人的英雄舉動也有所啟發。婁諒在他所寫吳與弼的行狀這麼說：

14《孟子》，〈離婁下〉，第一一、一二章及〈盡心上〉，第三三章：「居仁由義，大人之事備矣」，參看《康齋集》，卷一一之二下。

15《孟子》，〈滕文公下〉，第二章：「居天下之廣居，立天下之正位，行天下之大道。得志，與民由之；不得志，獨行其道。富貴不能淫，貧賤不能移，威武不能屈，此之謂大丈夫。」

16 吳與弼：〈日錄〉，見《康齋集》，卷一一之三八下。

17 朱熹：《大學章句》，卷一之一。

18 參看 Wing-tsit Chan: "Neo-Confucian Philosophical Poems"（〈宋明理學家詩譯〉），刊 *Renditions*（《譯叢》），一九七五年春季號，p. 11.

19 許衡：《許文正公遺書》，唐氏經館叢書本，卷四之一上：〈大學直解〉。有關此觀念在後期陽明學派中之重要性，請參看唐君毅：《中國哲學原論．原教篇》（香港：新亞研究所，一九七五），第一四及一六章（以下簡稱《原教篇》）。

紫陽沒，後世道統無傳，所尚者文詞、訓詁、功名、利達而已。先生奮乎百世之下，覽前跡而啟其任道之機，遠續關、閩之絕學。誠曠古之豪傑也。[20]

吳與弼一生不仕，專意教書。對他來說，這種豪爽的理想和強調個人將聖賢之學傳揚給他人的道德責任（自任）[21]都與「自得」的理想緊緊地關連著。他曾經研習朱子的《四書集註》，覺得這些書對他有深刻的個人意義，因此於永樂十九年（一四二一）寫信給一個地方學校的教授說：

世俗固吾棄，吾庶幾以自與。世俗固吾笑，吾庶幾以自得。吾方聖賢之親而遑恤其他乎哉！[22]

聖賢之語固然啟人甚深，他們的典範也令人神往，且英雄畢竟必須自己去找到自己成聖的途徑。《四書》足以指引人，卻不能帶人到那終點。吳與弼引《孟子》〈公孫丑上〉這麼說：「蓋人患不知反求諸己，書自書，我自我；所讀之書徒為口耳之資，則大失矣！」[23]吳與弼這種態度，以及他從「發現自我」而得到的滿足及欣喜使得他決心把自己的書齋定名作「自得亭」[24]。

吳與弼的學生陳獻章又把這一條思想推得更深一層。「自得」可以說真是陳獻章思想的主要課題[25]。他深受吳與弼那種對道的英雄式的信服所感動[26]，遂因此記取下面吳與弼所說模仿別人為不足取的教訓。陳獻章這麼寫道：

---

20 婁諒：〈康齋先生行狀〉，刊《明名臣琬琰錄》，四庫全書珍本六輯（台北：臺灣商務，一九七六），卷十之一三上。

21 例如《康齋集》，卷一一之二下，一四上及三一下。

22《康齋集》，卷八之一五下：〈與徐希仁書〉；引自Kelleher, p. 403.

23《康齋集》，卷八之二九上下；引自Kelleher, p. 140.

24 吳與弼：〈日錄〉，《康齋集》，卷三之三十上下；卷一一之四〇下。Kelleher之p. 140認為程顥有一首詩為此處之張本。

25 Jen Yu-wen（簡又文）: "The Philosophy of the Natural in Ch'en Hsien-chang"（〈陳獻章的自然的哲學〉），刊de Bary, ed.: *Self and Society in Ming Thought*, pp. 53-92; Paul Jiang（姜允明）: *The Search for Mind: Ch'en Pai-sha, Philosopher-Poet*（《心之探索：陳白沙，詩人哲學家》）（新加坡：新加坡大學出版社，1980）, pp. 49-50, 74-78, 156-159, 180-182.

26 Jiang, p. 35.

人要學聖賢，畢竟要去學他。若道只是箇希慕之心，卻恐末梢未易輳泊、卒至廢弛！若道不希慕聖賢，我還肯如此學否？思量到此，見得箇不容己處，雖使古無聖賢為之依歸，我亦住不得，如此方是「自得之學」。[27]

陳白沙（獻章）繼續發展這個觀念，超越程朱的傳統，不過我們可以假定他的思想與傳統沒有太過激烈的不同。就是朱熹也曾警告學者不宜過度地把聖人當作不易的模範。在朱熹的《語類》中，有這麼一個記載，說有人問朱熹何以程頤認為如果有人要學為聖賢，則這人不須先立標準。朱熹回答說：

學者固當以聖人當師，然亦何須得先立標準！才立標準，心裡便計較思量幾時得到聖人處……

又說：

今雖道是要學聖人，亦且從下頭作將去。若日日恁地比較，也不得。[28]

白沙思想固然十分新穎，但他從朱子《延平答問》中的李侗也學了很多教訓和例子。他一些頗有特點的信念——如「自得」，以靜坐存敬，享受精神的自由以及「學以為己」——可說是從李侗而上及於二程及邵雍。有「學以為己」，白沙如此說：

> 孔子曰：「古之學者為己，今之學者為人」；程子曰：「古之仕者為人，今之仕者為己。」[29]夫學以求仕之所施，仕以明學之所蘊，如表裡形影。然皐、夔、契、伊、傅、周、召，其載於典、謨、訓、誥，仕者之所施也。有為己之心乎！顏、曾、思、孟、周、程、張、朱，其傳於著述文字，學者之所蘊也。有為人之心乎！諸君子顯晦不同，易地而處之，有不相能者乎！自古

27 陳獻章：《白沙子全集》（香港：陳白沙文化教育基金，一九六七年影印一七一〇年刊本），卷三之八〇下：〈與賀黃門〉。

28 《朱子語類》，卷九五之三五下—三六下，頁三九〇二。引見Wing-tsit Chan: *Things at Hand*, p. 70.

29 《二程全書》，四部備要本，〈粹言〉，卷一之三二上。

> 有國家者，未始不以興學育才為務。然自漢而下，求諸學校之所得名世者幾人！有不由庠序而興者乎！是故學校之設，其重在於得人。學之道，只要在於為己。古之名世者，舍是無以成德。[30]

陳白沙認為中國的帝王辦學校的動機是要錄用官員。他這個說法並沒有錯。明太祖和其他朝代的皇帝都是這樣的。但我們不可能因此忽略了明代其他的教育工作，也不可忘記教育發達對學術發展的影響。明代教育課程將《四書》中的《大學》以及朱熹替《大學》寫的序列為第一，而朱子此序所講的又是平民教育的理想[31]。這一來我們就看到明代中央及地方學校教育都有一種民主化的傾向，而新儒家就在這過程中擔負起「大人」的責任，像許衡說的，「擴充《大學》之心，以及人人」，目的在於幫助人自己完成他的道德的本性。

其實朱子的學術在《語類》採用語體文時已經開始朝普及的方向走了[32]。元朝的重要新儒家如許衡、吳澄等也曾在他們演講《四書》的經筵時用語體文講述，好讓沒有古文訓練的人可以了解其內容[33]；這些人包括蒙古帝王及其中亞來的色目人官員。明代時，這種普及化的趨勢在地方上通過鄉約的演講及討論也展了開來。這些措施王陽明本人亦極為鼓勵；其泰州子弟更力加實行[34]。與上述活動同時的還有地方書院的增加，特別是在王陽明致力於其學說之時。由於陽明提倡自發的哲學，遂使人更重視普及教育，在文人當中激起了更大的責任感，知道必須在這方面作出貢獻[35]。

陽明所持個人應如何負起其對世界之責任的態度受朱子的兩個影響甚深。第一是朱子的道統觀，第二是朱子所深深感到的「大人」對道所應負起的個人責任。王陽明晚年寫有《大學問》，文中於朱熹所說《大學》乃「大人之學」，及朱熹所強調

30 陳獻章：《白沙子全集》，卷一之四一下—四二上：〈新遷電白縣儒學記〉。
31 de Bary: *Neo-Confucian Orthodoxy*, pp. 44-45.
32 此點之重要性為胡適早年提倡白話時即注意之，後於一九六〇年與作者談話時復強調此點。
33 太田辰夫：《中國歷代口語文》（東京，一九四七；京都：朋友書店，一九八二重印），頁七〇—七一；de Bary: *Neo-Confucian Orthodoxy*, p. 46-50, 134-137；太田所說吳澄曾以口語文講經，惜吳集未錄。
34 de Bary: "Individualism and Humanitarianism," 刊 *Self and Society*, pp. 154-157.
35 何炳棣：《明清社會史論》（台北：聯經，二〇一三）；de Bary: *Neo-Confucian Orthodoxy*, p. 50.

大人責任感的宇宙向度有所致意：

大人者，以天地萬物為一體者也；其視天下猶一家，中國猶一人焉。……故夫為大人之學者，亦惟去其私欲之蔽以自明其明德，復其天地萬物一體之本然而已耳。……明明德者，立其天地萬物一體之體也。親民者，達其天地萬物一體之用也。故明明德必在於親民，而親民乃所以明其明德也。[36]

王陽明對道的觀念是活潑的，他精神是積極的。這些都可以在他超越朱熹的「新民」而進一步強調「親民」看得出來。結果「大人」所應肩負的責任感便愈為加深。對於「大人」所應負的責任，王陽明也曾經煎熬痛苦過：

是以每念斯民之陷溺，則為之戚然痛心，忘其身之不肖，而思以此救之，亦不自知其量者。天下之人，見其若是，遂相與非笑而詆斥之，以為病狂喪心之人耳。……人固有見其父子兄弟之墜溺於深淵者，呼號匍匐，裸跣顛頓，扳懸崖壁而下拯之，士之見者，方相與揖讓談笑於其旁，以為是棄其禮貌衣冠而呼

> 號顛頓若此，是病狂喪心者也。故夫揖讓談笑於溺人之旁而不知救，此惟行路之人，無親戚骨肉之情者能之，然已謂之無惻隱之心，非人矣；若夫在父子兄弟之愛者，則固未有不痛心疾首，狂奔盡氣，匍匐而拯之，彼將陷溺之禍有不顧，而況於病狂喪心之譏乎！而又況於蘄人之信與不信乎！[37]

王陽明內心這樣的煎熬又為下面一項內心的掙扎而益為加深：他一方面欽敬朱子有加，但另一方面他又知道忠於朱子的教訓就是更因此必須忠於自己所發現及了解的聖賢之道。他知道他和朱子對於道的解釋有所不同，但他深信朱子一定會要他忠於他自己替自己所找到的真道，因為從朱熹開始其道統的承襲以來，「自得」就早已是其中原有的觀念[38]。

36《王陽明全集》（上海：大東，一九三五），《文集》，卷六之八九—九〇；引見Wing-tsit Chan: *Instructions*, pp. 272-273.

37《王陽明全集》，《傳習錄》，卷二之六二；〈答聶文蔚〉；引見Wing-tsit Chan: *Instructions*, pp. 168-169.

38 同前註，pp. 4-8, 46-50, 63-66.

蓋不忍牴牾朱子者，其本心也；不得已而與之牴牾者，道固如是，不直則道不見也。……夫道，天下之公道也；學，天下之公學也；非朱子可得而私也，非孔子可得而私也。天下之公也，公言之而已矣。[39]

一個豪俊若忠於自己，忠於自己對人的責任，那麼他往往會因此蒙受孤獨、寂寞的痛苦。但王陽明從朱熹敘述肩負道統的經驗之中早已知道這樣的命運是從孔子到宋儒這些「大人」所共同有過的[40]。由於這樣的了解，陽明才敢以夫子之道自任[41]。陽明又了解真理必因講習而益明，因而有信心一定可以克服差異，而人人終趨於大同[42]。

在第一講中，我曾引到王棟對王陽明承續道統的記述。從這篇記述我們可以看出個人的靈感和內心的探索對陽明的責任感有多大的影響。上面的討論也證明這一點。我們可以清楚看出王陽明抱持的是「道統」，是「大人」應「自任」、「自得」，以及與這些觀念相連的有關問答討論中應表達自己的重要信念。這一切都是新儒學傳統中自由思想的主要課題。陽明將這些課題繼續發揚光大。

王陽明死後一百年間，這些觀念繼續有人賡續發揚。諸學派分立，但都上溯於陽明，故不管各學派對於其他教訓解釋差異如何，不管從我們觀點看來他們是保守、自由或極端，他們對這些基本信念是大致信守的。我在「明代思想中的個人與社會」中已詳細討論泰州學派，在這裡不能再加細談，簡單說，這種學派分立的情況正與陽明強調個體性及多元性的容忍信念相符合。雖有人認為泰州學派只是一種平民化的活動，但它畢竟還是構成了一個內容極為豐富的思想活動。從其開山祖師王艮（一四八三—一五四一）以降，它之能兼容並蓄，能熱情蓬勃，不外是由於王艮本人的能力，也由於它能不斷地參與及實踐講學討論的方法。

島田虔次認為王艮之學乃是「自得之學」[43]。這句話用在王艮身上分外有意

39 《王陽明全集》，《傳習錄》，卷二之六〇—六一；Wing-tsit Chan: *Instructions*, p. 164.

40 參見王氏所提及當時對孔子之疏忽或誤解（同前註，《傳習錄》，卷二之六二），並比較朱熹於其〈中庸序〉所討論之道統觀（已見第一講，頁一一）。

41 《傳習錄》，卷二之六三。

42 同前註，卷二之六三。

43 島田虔次：《中國に於ける近代思維の挫折》（東京：筑摩書房，一九七〇，第二版），頁九七（一九四九之第一版則為頁八七）。

義。王艮自學出身，終身未仕，因此他的學術堪稱為「自得之學」。王艮以一處士這種寒微的出身，又未出仕，而能產生這麼大的影響，這正證明了明代時已經逐漸能接受新儒家所提倡的平等化的教訓了：他們認為人莫不有道德的本性（即天賦之性），這本性是善的，是可以成全的。他們又主張學以為己，自己去發現道，並同時有責任與其他人共享這個道。王艮心體洞徹的經歷讓我們知道所謂「自得」的意義——他曾夢見天墮了下來，而他卻在萬人奔號求救當中，奮勇舉臂而起之[44]。這就是證明「自得」的意義也必然需自任於道，以自己與天下萬物合為一體。王艮相信只能這樣，一個人才談得上能夠心安，而充分快樂[45]。

王艮弟子中接受這種個人豪傑，以普救天下眾人為志的教訓，並能融會了解「大人」（特別是「大丈夫」）的職志的有顏鈞、何心隱（梁汝元，一五一七—一五七九）[46]及羅汝芳（一五一五—一五八八）[47]。唐君毅曾形容羅汝芳為以立大人之身，以成其大學問的人——而在這裡的立大人之身卻是必須能自負其責任，不失其赤子的本性及真機的人[48]。

這些人與王艮一樣，認為王陽明的「致良知」代表的是「自得」及「為己之學」的極致，也代表了一個能「自任」的英雄豪傑對愚夫愚婦應負的教育責任。王陽明弟子們所努力推動的普遍講學的活動，以及明末政府的壓制書院及鄉約的普講活動都印證了從上述各觀念所導引出來的積極的精神，證明了這些弟子們和其他受教育的社會領袖的不同，因為他們並不採用優秀分子的解釋，把英雄當作是一種自我誇示或自我榮耀的人。這些觀念在德川時代的日本儒學中也有所發明，當時的儒者像山崎闇齋、石田梅岩、大鹽平八郎及吉田松陰也都充滿了這種積極的精神。

這個運動在李贄（一五二七—一六〇二）達到了高峰。李贄是王陽明和王艮弟子中最反傳統、最個人主義和最放縱不羈的一個。他公然宣揚個人應該從根深柢固的傳統中解放出來。他這種態度很接近近代西方的個人主義。上面所提到各樣自由的趨勢，諸如一個人的心足以獨立發現道，王艮所認為自尊、自愛或甚至於私利俱為一切道德之根源，以及崇拜那些勇於自任，以拯救世界的英雄——即勇於殉難的

44 de Bary: *Self and Society*, p. 158.
45 同前註，pp. 166-188.
46 同前註，pp. 169-170.
47 同前註，pp. 178-188.
48 參見唐君毅：《原教篇》，頁三八五—三九一、四一六、四三五。

豪傑，這些都為李贄所承續。李贄唯一對於此自由的理學傳統的例外是他強烈地不贊成普講及哲學的討論。對近代西方人言之，這種情形可以看作只是他個人的偏好；但是在新儒學的脈絡中，李贄是把他個人的極端個人主義推得太遠了，等於否定了講學的傳統，而這個傳統卻是王陽明所主張可以測驗一個學者是否有根本誠意的地方。這一來李贄的個人主義和王陽明及泰州學派的人道主義便有了緊要的區別。

在十六世紀時，取代這種極端趨勢的主要學派是東林的新儒正統。東林學者反對李贄對個人的標榜，也反對他毫無約束的放浪思想。他們替傳統道德辯護。他們在道德上是傳統主義者，但他們在政治上則是改革主義的人。因此他們實際上正符合了我們一路討論的自由的新儒學的基本條件。他們緊緊地守住朱熹及王陽明所主張在相與講學中找尋自得於道，自任於道的這種基本的自發精神。同時，東林學者中又不乏個人的英雄——這些英雄在政治良心上樹立了犧牲自我，耿直忠貞的高超典範——黃宗羲的父親黃尊素（一五八四—一六二六）便是例子。不過在東林黨人這種為維護諫諍的艱苦奮鬥中，他們似乎不覺得需要通過平民教育的方式來作更多的宣傳，及因此而得的更大的同情與政治上的支持。由此言之，他們在政治運動上的失敗仍不外是由於自囿於典型受教育的優秀分子或以耕讀傳家的士紳階層。這種人在宋元明期間倒是扮演了學術及政治領袖的角色[49]。

最後我回到了黃宗羲本人。新儒家中畢竟有少數人感到如果在直接行動上不能達到超越上述的傳統局限，至少也應該在思想層面上去探討。黃宗羲是這種態度最好的例子。我在第一講已提到黃宗羲在年輕時便曾為了他父親為明末宦官害死而入京訟冤，作政治抗議。他也曾論劾為害朝政的宦官爪牙，希望可以除去他們。他花很多時間來奮鬥，參加東南抵抗滿清的活動，最後大勢已去，這才專意學術及教學，認為這是遵行道的最後出路。

黃氏的《明夷待訪錄》論及有關改造中國政府的各種建議，但我不能在這裡詳細討論這本書或黃宗羲的政治思想[50]。我在這裡只想就上述新儒家的自由思想中四點與黃宗羲最有關係的作一個探討。首先談政治方面，然後論及哲學方面。

49 此結論可與Jerry Dennerline的研究（*The Chia-ting Loyalists*〔《嘉定忠貞之士》〕, New Haven: Yale University Press, 1981, 特別是pp. 14-42, 180-205, 342-348）相發明。

50 參看本人的"Chinese Despotism and the Confucian Ideal"（〈中國專制主義與儒家理想〉），刊John K. Fairbank（費正清）主編：*Chinese Thought and Institutions*（《中國思想與制度》）（Chicago: University of Chicago Press, 1957）, pp. 163-203.

黃氏的《明夷待訪錄》對於中國朝代政治作了全面的批評，這是大家所知道的。但是我們不能因此認為他是新儒家第一個批評帝制政治的行為的人。程氏兄弟、范祖禹及朱熹也都曾做這樣的事，真德秀的巨著《大學衍義》（一二三四）也包括了相當有力的批評。《大學衍義》計達四十三卷——徵引朱子對於歷代君王的討論，列出其治績，顯出（除了幾個「英雄」及出色的宰相之外）各朝政治實在離儒家經典所規定的統治理想太遠了。真氏之紀錄雖然令人難過，讓我們看到各種暴力、腐敗及殘忍的行為，但在他分析這些事蹟時，我們每每看到他的用心實在只是想要改革朝政，而不在追究更基本的問題。這一點可以說是很清楚，他主要是關心如何將皇室的行為加以規範，並時刻注意有關正統帝位傳襲的細節。但黃宗羲卻敢直接地懷疑帝制的合法性：他問道何以連皇室中人都願意接受由帝制所不免帶來的痛苦和不幸。

既以產業視之，人之欲得產業，誰不如我。攝緘縢，固扃鐍，一人之智力不能勝天下欲得之者之眾。遠者數世，近者及身。其血肉之崩潰在其子孫矣。[51]

這就是第一點——黃宗羲代表儒家對帝制批評的高峰，他向朝代制度本身以及它的擅權提出了挑戰。

在討論第二點時也可以一併從真德秀及他的《大學衍義》講起，而如果時間允許的話還可以論及其他新儒學的思想家[52]。真德秀是從新儒學的個人觀出發來批評傳統中國帝王的。新儒家的理想是有道德、能負責的個人。由此推之，則君王及其宰臣便特別須要肩負他們對於全民的福利的責任。從早期理學家的信念看來，君主及其宰臣們若要真正接受這個挑戰，那麼他們便必須有道德英雄主義的能力。真德秀在批評中國帝王不能體現聖王的理想之際，強調了君王的心可以回轉以信真道的信念。在真德秀看來，這不外是心志之事而已。君王能正其心，則必能如聖人般地統治；他的臣下們如有相同的決心，則亦必能達到滿足「大人」理想的目標。

51《明夷待訪錄》，五桂樓本，一八七九，頁三上下（以下簡稱《待訪錄》）。

52 比較有名的例子有如馬端臨（一二五四—一三二五）及邱濬（一四二〇—一四九五），明代則有張居正（一五二五—一五八二）以及黃氏同時人：顧炎武（一六一三—一六八二）及王夫之（一六一九—一六九二）。

《大學衍義》一書在元、明以及韓國李朝的朝廷中都受尊崇，因此它也就成了新儒家有關治術的經典作品。它所以受尊崇究竟是由於經筵講習而使君王對它產生真正信仰，或是由於一種表面的粉飾，我們不容易知道。但不管如何，其結果似乎是相同的。朝中的教師們雖說地位崇高，而且甚至誠意誘誨，但拿這麼大的責任來責成一位君王，規勸其良心，其結果似乎只會讓他覺得力不從心或甚而企圖逃避而已。那些受這種崇高道德教訓的君王往往不僅反而不能因而內心更新，甚至還會加深原有的抵拒[53]。史書上我們可以看到明代君王就果然不是什麼特別用心的學生。韓國的太子們後來成為皇帝的（當時太子未即位而逝者頗多）也往往表現出對這種道德教訓有反感[54]。

受新儒家教誨的宰臣們，其情形略有不同，但也不見得好到那裡去。明代專制的擅權時刻遭到新儒家英雄式的抵抗。方孝孺的敢於忤逆明成祖（一四〇二—一四二四在位）以及海瑞之敢於諫諍明世宗（一五二一—一五六六在位）都是有名的例子。宋、元、明各朝覆亡時，以身殉國的新儒家指不勝屈。這些充分顯示出新儒家的教誨確實能夠在個人當中啟發英雄的決心和犧牲自我的勇氣。

黃宗羲不能說不為這些英雄事蹟所動。他父親黃尊素以及老師劉宗周都體現了道德個人主義所立的自我犧牲的最高標準。他自己也經常顯出他對於那些能以行動來實踐儒家理想的英雄人物的崇敬。他自己早年的生活就充滿了這種行動主義的光彩。然而他飽嘗政治改革失敗的苦果，知道隻手不能挽大明傾覆的狂瀾，因此不免懷疑個人單獨行動的用處。他的懷疑不僅針對泰州學派以及李贄，認為他們是「赤手以搏龍蛇」，更也針對東林學者。因此黃宗羲雖然對他們相當尊敬，他卻不再相信道德英雄能赤手空拳，用意志力量來阻擋權力的腐化，來克服人與人間的相忌，消除邪惡，完成王陽明這種人所夢寐以求的大同（王陽明為了追求這個目標而犧牲自己）。如果不能從根本來改進制度，那麼再能幹的人也會失敗。

> 自非法之法桎梏天下人之手足，即有能治之人終不牽挽嫌疑之顧盼。有所設施，亦就其分之所得，安於苟簡，而不能有度外之功名。[55]

53 de Bary: *Neo-Confucian Orthodoxy*, p. 184.

54 見JaHyun Haboush: "Confucian Education in the Yi Court"（〈李朝的儒學教育〉），此論文於一九八一年在義大利召開的「朝鮮儒學會議」宣讀。

55 《待訪錄》，頁七下。

黃宗羲對於「治法」的根本重要性的觀點有很多意義。首先是「法」可以指「系統與制度」。就此意義言之，黃宗羲認為個人行動的自由是受它活動的制度及系統所約束。道德英雄憑其一己的意志力量所能作的其實十分有限。同時，這一點也適用於統治的君王。不管一個君王是有雄才大略或是優柔寡斷，他在朝廷系統中是不能企及於聖人的。其實在十六世紀與十七世紀時，新儒家的學者除了黃宗羲之外，還有許多人都逐漸重視關於權力的組織及運作的問題。他們一方面極為推崇《大學》及真德秀的學說（黃宗羲極宗仰真德秀），但另一方面也知道這些學說在元朝兩朝並未真正發生作用。我相信這種認識正是邱濬編纂《大學衍義補》的根本原因，也是十六、七世紀經世致用的學說興起的背景[56]。經世致用的學術後來的發展正反映了新儒家個人主義的局限——它一向與士大夫階層結合在一起。經世致用也暴露了與個人主義互為表裡的修身治人的政治理念的缺點[57]。黃宗羲就曾指出有治法而後有治人，也就是說必須先要改正制度才談得上治人[58]。

「法」的第二義是一套法規及判例。這在黃宗羲的討論中也觸及之。他指出有的法只是替一些權貴服務，而不能保護一般人或公眾的利益[59]。李贄那種極端的個人自由主張有一個問題，即李贄對於應該用什麼法律基礎來落實這種自由並沒有概念——他無法在法家政府的絕對主義和佛家不決定論的法律中取得一個可行之道。後者至少提供了對個人權利的保障[60]。黃宗羲提出了建構於人類價值的法律。他認為這個法律比朝廷更遞的政府更為基本，可以保障及促進人類全體的利益。

黃宗羲提倡新儒家自由思想的第三部分是教育。《明夷待訪錄》一書對普遍設立學校的重要性有詳盡的討論。雖說黃宗羲是王陽明心學的弟子，對於陽明哲學重視普遍教育的主張十分信服，但就此點言之，黃宗羲對於朱子的教育主張也不難接受，這便是一種及於一般民眾的教育；更好的說法是：這是一種由民眾自發而形成的教育制度。黃宗羲與元朝的許衡和吳澄一樣，曾經研習過朱子的〈《大學》序〉以及他的〈學校貢舉私議〉。他因此與許、吳一樣，主張教育的內在價值，反對教

---

56 Dennerline: *The Chia-ting Loyalists*, 特別是pp. 165-171.
57 de Bary: *Neo-Confucian Orthodoxy*, pp. 36, 46, 195.
58 〈有治法而後有治人〉，見《待訪錄》，頁八上。
59 《待訪錄》，頁六上—七下。此文已譯成英文，刊de Bary, ed.: *Sources of Chinese Tradition*, pp. 590-593.
60 參見我的“Individualism and Humanitarianism”，刊*Self and Society*, pp. 220-222.

育乃養士以服務朝廷的這種偏激見解。

黃氏的觀點是認為教育除了要發展個人內在的能力之外，還必須是讓更多、更有見解的大眾參與政治的管道。他努力證明古代的學校乃是一切社團及政府活動的中心；他們扮演了重要的角色，讓民眾參與討論問題，備國君諮議。因此在理想中學校應該能用下面兩種方法服務群眾；教育所有的人；成為表達輿論的機關。國君亦相應而有兩種義務：應該設立學校以教育人民；讓人民通過學校以表達其心聲。他說在古代時，「天子遂不敢自為非是，而公其非是於學校」。只是「三代以下，天下之是非一出於朝廷，天子榮之，則群趨以為是；天下辱之，則群擿以為非」[61]。

黃宗羲認為是非出於朝廷這個觀念普及之後，學校最重要的功能便被剝奪了，學校與政治之間也就形成了一道鴻溝。以後學校甚至於連「養士一事，亦失之矣」，因為在科舉囂爭，富貴熏心之際，教育的真目的都消失了。肯思想的人不得不轉向地方書院，希望在那裡尋覓到真的教育，而書院的獨立及不正統的見解卻引來政府不斷的壓抑。於是學校與政治的分離終於導致兩者間的衝突，對於任一方面的真正意圖都造成損害。

明之覆亡有歸咎於書院者，黃宗羲卻力闢此說。但他的真正目的並不在於獨立的私人學校必須存在，而在於希望拿書院作為一個可行的民眾教育的模範。因此他主張普設學校，由政府設立，但不受中央節制，由京師以及於郡縣，乃至於鄉野都設立學校。各級學校的管屬都必須獨立，不受上層的干擾。地方郡縣等主要行政單位的學校更應由「郡縣公議」，而不得由上級單位選派。這些主持學校的人也就不必已經有科舉名位，這樣他們才能在一般教育事務及地方事務都有充分的自由：就前者言之，學官們可以有權罷黜補博士弟子（即秀才）的權力，而不受提學的干預；就後者言之，則學官於地方事務的意見更應受郡縣官的尊敬。相同地，太學祭酒也應該每月（朔日）南面講學論政，由天子以及宰相、六卿、諫議與太學弟子同列參加聽講。

在《明夷待訪錄》一書中，黃宗羲並未主張講學應有無限的自由，而他也沒曾主張應一體寬容一切的教訓。例如他就不曾主張學校所享有的權利及保障也應及於所有宗教。但他到了晚年卻越來越傾於一種多元的學術觀，徹底反對由政府頒降的

61《待訪錄》，頁一〇下—一一上。

正統思想[62]。總之，雖然黃宗羲思想不像李贄那麼開放（對釋、道兩教特不能如李氏之相容），但是他也不像李贄一樣對於思想寬容這樣的嚴肅問題掉以輕心。他深知公開討論公眾及學術問題的重要性，也提倡應該確立公開討論的可靠制度。

自發的態度和講學的辦法是新儒學自始即提倡的中心課題。黃宗羲承續了這個脈絡，在十七世紀時發揚至於極致。於是朱熹與王陽明的理想就在體制的重要性上面聯貫了起來，而下鋪後來經世思想的基礎。

黃宗羲對教育的說法尚有一點反映了朱熹的自由態度。在第二講時，我曾提到朱子的「博學之，審問之」的主張，並認為「博學」乃是自由式心靈教育的一個方式。黃宗羲接受這個論點，認為一個人確應以所有的證據或別人的意見來評斷自己的看法。這一點可以從黃氏所提議將朱熹的分年課程作為科舉之基礎看出來。我們前面已看到這個課程範圍至為廣博，包含了歷史、文學、公眾事務等學識，而又不疏忽對經傳及注釋的鑽研。黃宗羲大體接受此課程，但認為歷史知識雖已要求甚廣，卻更應連宋明歷史一併研習[63]。尤有進者，黃氏本人的淵博知識及於經學、思想史、制度史、地理、算學、天文及文學等，這更印證了他是願意將朱熹的博學理想付之實現的人。十七世紀的主要思想家對這樣的理想真是有新的認識和體驗。

黃氏的學術還有兩點與上述早期新儒的自由傳統聯結起來，但這兩點卻也是他所以與當時學界不同的地方。第一點是他對近世歷史及當代學術的繼續關心，而不若其他清代學者的專意經學。這一點反映了黃宗羲所持的一貫信念：即道必須在實際生活，應對經常的人生需要中去尋覓[64]。

另外一個不同處或許更為重要，即黃氏在清初學者已放棄心學時仍繼續注意它。這一點是他決心著述明儒及宋元學案的驅使動力。在當時，一般學者莫不以為宋元儒者的問題已不重要，甚至已經沒有意義。黃宗羲並不認為心性之學空泛，反看出以實學或經學為學問之目的有其危險性。黃宗羲認為以實學或經學為宗，而罔顧對人的清楚觀念或不知人性的真向度——即朱子及王陽明所共同接受人心的「大體」——那麼這種實際性就只會淪為功利思想，而經學也會淪為不切真諦。如果人對道的把握限於一端，而其體會又趨淺薄，那麼他對自己的認識也一定日趨簡陋。

62　參看下引黃宗羲《明儒學案》自序。

63　《待訪錄》，頁一八下—一九上。

64　參見拙作"Neo-Confucian Cultivation and Enlightenment"，刊 de Bary, ed.: *Unfolding*, pp. 196-199.

朱子與陽明雖於體、用之意所見不盡相似，然莫不以兩者為不可割裂者。黃氏秉持此說，上承其師劉宗周及朱王自由傳統，發揚為己之學，主張唯其如是始能於道有所自得[65]。黃氏因此於晚年著述《明儒學案》時回來討論「道統」的題目，因為道統畢竟是新儒家事功的起點。

> 夫先儒之語錄，人人不同。只是印我之心體，變動不居。若執成定局，終是受用不得。此無他，修德而後可講學。今講學而不修德，又何怪其舉一而廢百乎！[66]

黃氏更於「凡例」中引申此說：

> 儒者之學不同釋氏之五宗，必要貫串到清源、南嶽。夫子既焉不學；濂溪無待而興；象山不聞所受。……學問之道，以各人自用得著者為真。胡季隨[67]從學晦庵，晦庵使讀《孟子》。他日問季隨（有關《孟子》〈告子上〉第七章）：「至於心獨無所同然乎！」季隨以所見解，晦翁以為非，且謂

> 其讀書鹵莽不思。季隨思之，既苦，因以致疾。晦翁始言之。古人之於學者，其不輕授如此。蓋欲其自得之也。……[68]

費正清（John K. Fairbank）在談及黃宗羲《明夷待訪錄》一書所提種種議論時，認為這些議論「不超出儒家政治思想的陳腔濫調」[69]。從某個意義言之，這並不錯，我在別處論及黃氏思想中的一些部分時也指出它們基本上是儒家的說法，缺乏現代西方自由主義式民主的一些特點[70]。但費氏所說的傳統「儒家政治的陳腔濫調」不應該解成說黃氏便完全受一種靜態的「道」觀所支配，或說新儒學一定只會在一些舊信念的軌道中循序向前，那麼他對道所作的闡揚和光大實際上便是對前人

65 參見唐君毅：《原教篇》，頁四六六—四七〇。
66 《明儒學案》自序。
67 胡大時，字季隨，參見《宋元學案》，四部備要本，卷七一之一上。
68 《明儒學案》，〈凡例〉，用萬有文庫本，第一冊之一—二。
69 J. K. Fairbank, ed.: *Chinese Thought and Institutions*, p. 9.
70 見拙作“Chinese Despotism and the Confucian Ideal”，刊前註書，pp. 193-198.

最正確的忠誠信仰。相同的，他應該深信真正有信仰的學者就必會透過個人或群體講習來創造新的發現和貢獻。我們可以說在我們所一路討論的自由趨勢中，黃宗羲對於這種趨勢的討論作了相當可觀的貢獻。真的，他特別更讓我們對於人性的成長與更新的潛力因此有更為開擴與更為多面化的認識。

第五講

自由主義的局限

一九七九年春天，我重訪北京的第一天有兩件事情給我印象最深。第一件是當我們下飛機走向機場時，入口處懸掛著巨幅雄偉的中國共產政治首領的肖像，除了毛澤東、華國鋒之外，還有馬克斯、恩格斯、列寧、史達林等長老型的肖像，其中尤以穿著蘇聯上將軍服的史達林最引人注目。現在北京機場的肖像大半都不見了，唯獨史達林的肖像還掛著。雖然其他地方的史達林肖像都被收起來，但走「實用主義」路線的中共政府當局仍不願意取下機場史達林肖像，這顯示中共仍須依賴過去的權威架構以維持生存。

第二件印象最深的是當夜有吳晗著名的《海瑞罷官》的演出[1]。海瑞（一五一三—一五八七）是明代的一位縣官，他反對貪財納賄、濫用職權的官吏，冒死伸張正義。這齣戲從「文化大革命」以來一直被禁演，當晚是第一次重演，目的在暴露「四人幫」的罪惡，平反四人幫時代被批判清算的知識分子。這兩個並列的事件——史達林與海瑞，可說是目前中國大陸矛盾的象徵。

一九六一年當《海瑞罷官》首次上演的時候，一般人都認為在影射批評毛澤東，支持彭德懷。彭德懷在「大躍進」時代曾經批評過毛澤東的政策，後來遭謀害而死。我們不知道這是不是吳晗寫這個劇本的企圖，吳晗在中共當政之前，一向偏愛歷史上為人民犧牲的正直人物，而海瑞正是一個具有智慧、勇氣、支持正義的典型人物[2]。

吳晗在劇本中強調海瑞獨立思考、倔強的性格，海瑞最不能容忍的是當時腐敗、虛偽、賄賂、為非作歹的官吏，他指控某些高層官員非法併吞人民的財物，他

---

1 吳晗之英文介紹可參看Carrington Goodrich: *Dictionary of Ming Biography*（《明代名人傳》）, pp. 478-479房兆楹所寫之海瑞傳以及H. L. Boorman, ed.: *Biographical Dictionary of Republican China*（《民國名人傳》）（New York: Columbia University Press, 1970）, pp. 425-430. 並參見James R. Pusey: *Wu Han, Attacking the Present Through the Past*（《吳晗以古諷今》）（Cambridge, Mass: Harvard University Press, 1969）.

2 參看吳晗所寫的《海瑞罷官》一書。此書已由C. C. Wang翻成英文，由Daniel W. Y. Kwok（郭穎頤）寫導論（Honolulu: University of Hawaii Press, 1972）。並參看Clive Ansley: *The Heresy of Wu Han: His Play "Hai Jui Dismissed from Office" and Its Role in China's Cultural Revolution*（《吳晗的異端：《海瑞罷官》及其在中國文化大革命的角色》）（Toronto: University of Toronto Press, 1971）. 又有關吳晗的種種問題更詳盡的討論可以參見Merle Goldman: *China's Intellectuals: Advice and Dissent*（《中國的知識分子：規勸與反對》）（Cambridge: Harvard University Press, 1981）, pp. 26-27, 32-37, 118-124, 233-234.

們的外表彬彬有禮，暗中卻幹不法的勾當。吳晗特別強調海瑞正直的良知、不屈不撓的改革努力：希望達到稅收和土地分配的平均，以及，他雖然面對強權仍能堅持自己原則的特點。

吳晗在劇本中並未強調海瑞的儒家思想，海瑞必定受到宋明理學晚期成熟思想的影響。然而在當時毛澤東批孔運動及思想控制的氣氛下，若吳晗提出宋明理學必會招來許多麻煩，將被人批評為不講階級鬥爭，只提倡人道的改良主義者。這種改良主義，中共認為是忽視階級鬥爭，支持當時政權，掩護舊社會的架構，延長其被打倒的壽命。另一方面，吳晗認為宋明理學的改良主義主要在歌頌個人的成就，而輕視階級及團體性。由於顧慮到這些，吳晗只能強調海瑞的「進步」面：譬如海瑞採取人民大眾的立場，反對明朝的官僚作風，以及警覺到要徹底改革當時的社會及經濟制度。

一九六四年五月發生批判吳晗事件，海瑞的理學改良主義還是被人注意到，引燃了當時「批孔運動」的導火線，「批孔運動」是「文化大革命」的主要特色。在文化大革命中，理學的改良主義被視為是小資產階級修正主義；毛澤東認為在近代史上，修正主義是發源於西洋的自由主義。毛澤東主張激烈革命，在他的「反自由主義」文章中指責儒家思想中的中庸、妥協、容忍為妨礙革命，妨礙思想鬥爭[3]。尤有進者，吳晗又與胡適在學術上過從甚密，而胡適正是美國訓練出來自由主義的大將。

毛澤東認為西方的自由主義與中國儒學一樣，都是被人摒棄，已成過去的思想，雖然基本上他並不認為這兩種思想有任何共通之處。毛澤東這種結論大半是受到西方思想的影響，尤是馬克斯、史達林的影響。馬克斯、史達林認為傳統的中國文化太陳舊，沒有足以自新或作基本改革的力量。

事實上，十九世紀西方的專家學者始終懷疑中國是否有自新的能力。十七及十八世紀西歐學術界對中國的看法較為樂觀，因為當時天主教耶穌會傳教士所帶回去的都是一些對中國有利的記載。十八世紀西方啟蒙運動學者美化了中國的實況，認為中國是由一群有理性的哲學家所統治。到了十九世紀，西方國家在東方的勢力受到阻礙，對於他們過去認為「開明」的中國政府有些失望。當時西方人都相信人類不斷的在求進步，然而中國政府卻反對改進，不願意有任何變化。黑格爾與馬克斯

3　此文之英譯見 de Bary: *Sources in Chinese Tradition*, pp. 925-928.

對於亞洲社會的落後尤其表示悲觀。英國自由主義經濟學家對印度及中國無法向西方的物質看齊而深感失望，尤其是中國拒絕通商，拒絕與西方來往。穆勒父子（James and John Stuart Mill）的文章提供馬克斯的東方專制政權觀許多資料，他們認為東方強而有力的官僚制度阻礙了經濟發展，使大半亞洲農業文明處於長期停滯的狀況。這種思想後來又牽入儒家。他們認為儒家是一種反動的思想，是當時霸權政府用來控制人民思想的工具，使得中國內部無法自新，無法改革，無法與現代世界並駕齊驅。毛澤東本身經歷過舊朝代崩潰，加上受到西方革命思想的衝擊，因此認為中國須要一番激烈革命，必須徹底清除反動的儒家思想，才能在迫害及停滯不前的歷史循環中自拔。許多西方學者與毛澤東都抱著同樣的看法，認為改良主義沒有用。

當時一般人對於早期的改良主義沒有耐性，對於革命卻抱著希望，在這種情況下，吳晗的作品顯然有特殊的意義。事實上，毛澤東的革命實踐政策並不符理想，他不僅遭遇到挫敗，更不願接受任何批評；因此海瑞對於高層官員的批評能影射到當時「解放」後高壓手段下的政治環境。當時不只吳晗看到新政權中傳統的專制因素仍然存在，就連西方的學者像魏佛吉（K. A. Wittfogel）及後來的馬文．哈理斯

（M. Harris）也都認為，毛澤東的中國「是一種新型、更有組織的管理專制主義」[4]，比以前更限制個人或團體的行動及言論自由。就是在中國，尤其是毛澤東去世後，一般人亦承認過去的高壓手段到現在仍然存在。不管稱它為「集權」、「專制」或套上史達林、毛澤東的辭彙「封建」，事實上一黨專政官僚作風的中共政府正面臨與過去封建皇朝政權同樣的困難，使人不免覺得這種高壓手段極似過去封建皇朝政權的作風，雖說陳舊的，一家之治的帝王思想早在一九一一年國民革命中已經消失。

毛澤東逝世後，中共政府嘗試執行新政策，設法緩和其嚴厲苛刻的鎮壓手段，然而另一方面卻加強鎮壓反對分子。我們看到批評中共政府或反政府分子被審判的種種案件，中共當局發動反四人幫運動，公布「四人幫」的罪行，以前設法掩飾共產制度的缺點及劣跡，現在都公開了，但有些批評共產制度本身的輿論卻遭到封

4 Marvin Harris: *Cannibals and Kings, the Origins of Cultures*（《野蠻人與國王：文化的起源》）（New York: Vintage Books, 1977), p. 240. 並參見Karl A. Wittfogel: *Oriental Despotism, A Comparative Study of Total Power*（《東方專制：專權的比較研究》）（New Haven: Yale University Press, 1957; New York: Vintage, 1981).

鎖，因為它們指責唯有在共產制度之下，「四人幫」的罪行才能如此猖獗。

我們非常同情美國劇作家亞瑟．米勒所遭遇到的困擾，在他最近的一本《中國邂逅》（*Chinese Encounters*）的書中[5]，米勒看到中國老百姓面對公認的罪狀，竟如此消極，無動於衷，沒有人敢出面批評政府。對研究中國問題的學者來說，米勒的反應使人回想起十九世紀西方的中國觀察家，他們亦發現中國人，不是消極被動就是宿命論無條件的接受現況。這裡，我們面臨一個外國人要了解中國基本態度的問題。在《紐約時報》一篇關於米勒新書的書評中，也提到米勒的困擾：

> 上面寫著要回答米勒的問題，歸根究柢就是中西文化基本的差異，那是米勒所無法解釋的。米勒不是一位中國專家，我們不能怪他，米勒書中沒有說明的就是西方的歷史及文化曾經在過去半世紀中與毛澤東思想匯流，一齊產生所謂的「新中國」。也許我們應該追問個人在中國歷史上的地位或知識分子在中國傳統文化中的地位與價值。假如我們能回答這些問題，或許我們與米勒先生對於他在中國大陸的見聞，就不會感到如此困擾。[6]

前幾次的講座中，我曾經談到「個人在中國歷史上的地位」及「知識分子在傳統中國的地位與價值」。要把這些觀念與最近發生的事件連在一起時，我必須重提海瑞罷官事件，因為吳晗認為海瑞罷官與現在大陸的情況可相對證。

在《海瑞罷官》這齣戲中，吳晗強調海瑞不畏權勢，冒死指控高層官吏，他明知這些官員本身也牽涉到貪污案件。事實上中國有諫官制度，皇帝為了國家全面的利益而設立的，希望他的屬下能認真執法。從歷史事實看來，海瑞的批評實際上比這些還要廣泛深刻。海瑞對皇帝的上書中直接指責皇帝不法的行為，放肆地剝削人民、生活奢侈、喜聽諂諛奉承之言、迴避忠良、疏於管教子女、荒誤國事、不願接受忠告、涉及屬下的貪污案中等等。

海瑞的上書是一篇冗長、嚴厲、無情的批評，在結論中海瑞表示由於他無法忍

---

5 Inge Morath and Arthur Miller: *Chinese Encounters*（New York: Farrar, Straus and Giroux, 1979）.

6 Orville Schell所撰，見一九七五年十月十四日的*New York Times Book Review*（《紐約時報書評》）, p. 43.

受內心的憤怒與不平而冒死直言[7]。《明史》記載說明世宗讀完海瑞的上書，勃然大怒，即刻下令逮捕海瑞，特別囑咐不得讓他脫逃。當時一位在場的官吏回答皇帝說：「此人素有癡名。聞其上書時，自知觸忤當死，市一棺，訣妻子，待罪於朝，僮僕亦奔散無留者，是不遁也。」

世宗皇帝聽後甚感詫異，沉默許久，對於如何處理海瑞一時尚難下結論。然而他雖然知道海瑞所檢舉的都是事實，內心仍然痛恨海瑞，遂判海瑞入獄，並施以酷刑，逼他招供，承認他的上書是蓄意謀反。當時曾有官吏向皇上求情，也挨了一百記廷杖，下獄接受酷刑，並被逼招認共同謀反的罪名。當明世宗準備批准海瑞的處決令時，中途得病去世。穆宗即位，海瑞得以釋放，繼續當一名小官，最後於貧困中病逝。從這段史蹟中，我們可以了解明代皇帝的專制及新儒家的犧牲精神。

吳晗明知道這些史實，但在劇中卻隻字不提，顯然因為這些事跡將會直接刺激到中共當權者。吳晗在寫這個劇本時，心裡一定明白他是拿自己的生命作賭注，必然也準備好後事，靜待處分。「文化大革命」時，紅衛兵曾對吳晗加以攻擊，吳晗最後是如何死的，至今尚未有詳細的說明。

對史學家來說，鎮壓異己的專制行為以明代皇帝最為嚴厲。因為明朝曾經發生許多政治事件。有些官吏由於批評朝政而遭到罷黜，甚至於受到鞭打、酷刑、監禁，百般折磨後死於獄中。明代開始了官員被除去衣衫赤身在廷上接受杖擊的酷刑。在海瑞之前，尚有方孝孺因批評皇帝而慘遭殺害[8]，不但個人犧牲且連累家人，滿門抄斬，誅及十族親友。明代宦官所主持的東西廠是鎮壓異己最嚴厲殘暴的秘密特務機構。

事實上幾乎每一樁鎮壓事件都有人不畏權勢，不顧個人得失，挺身直言，有些是出自個人的英雄主義，有些不是。但這種個人英雄主義並非史無前例，事實上我們有許多例子可以證實中國曾經設立諫諍制度專門批評統治者的政策。

雖然中國並沒有發生在野反對當局的運動或成立反對黨，但是中國批評統治者的活動並不是沒有特質，不遵循任何思想的不服從主義。中國的儒家或史學家，將

7 《明史》（北京：中華書局，一九七四），卷一七四，頁五九二七—五九二三。參見Ernst Wolff: "A Preliminary Study of Hai Jui: His Biography in the Ming-Shih"（〈《明史》海瑞傳初探〉），刊*Journal of the Oriental Society of Australia*（《澳洲東方學會學報》），7, 1, 2（一九七〇年十二月）。

8 見Frederick Mote（牟復禮）在*Dictionary of Ming Biography*, pp. 426-433所寫的傳記及所列書目。

海瑞與方孝孺歸納在正統儒家的旗幟下，他們可稱為「方正之士」（中西文化在這方面看法一致，中文的方正，英文的Square都有「方」的意義）。宋明的新儒學一向有反對霸道的優秀傳統，海瑞與方孝孺在正史和宋明理學的文獻書籍中都有記載[9]，他們不但在知識分子的高階層文化傳統中占有一席之地，而且在民間文學中亦廣為流傳。

海瑞上書中，一再提到理學家諫官的傳統，他們有責任糾正皇帝不合法的行為。明穆宗亦承認這一點。根據《明史》，明穆宗將海瑞比為商朝末年的一位忠臣——比干，他曾經設法糾正皇帝荒謬的行為。這種將皇帝比作古代的昏君是明穆宗所無法接受的，因此他即位後立刻釋放海瑞，他不願儒學史官因這類事件而將明代皇帝寫成暴君。

明穆宗了解這種比喻是來自歷史傳統，當時的太子在繼承皇位之前，都延請太師教導研讀各種文獻古籍。這些知識與古人的經驗可作為將來執政時的準繩。在第一篇講座中，我已談到過「經筵教育」，這種皇室教育允許臣子批評國事，而且鼓勵臣子對上直言諫諍。奇怪的是這種維護「自由批評」制度會發生在朝廷中，而且正當皇權勢力史無前例的強大時。當時的理學家極力主張朝廷有接受糾正的需要，這種改良主義使得宋明理學非常興盛。

除了上述制度外，明朝也設立史官制度，史官的職務是以公平正直的態度記錄朝廷所發生的事件。海瑞事件就是一個例子，今天我們還能看到海瑞上書的原文，也知道明世宗當時的反應，這都是史官的功勞。從官方的紀錄，我們可以了解許多這一類事件中人際關係的各種細節。一位史官的原則就是要守正不阿，不受任何外界的干預。

也許今天有人懷疑這一類限制皇權的制度，到底能收到多少成效？因為最後的裁決機宜仍操於皇帝手中，任何諫諍都無法真正牽制皇權。然而皇權的實施，不管是古代或近代的獨裁國家，並非無往不利，它多少必須通過許多人為因素才能產生

9 張伯行：《正誼堂全書》，同治五（一八六六）年刊本，《方正學集》，卷七；《海剛峰集》，二卷；容肇祖：《明代思想史》（台北：臺灣開明書店，一九六二年影印本），第二章。有關海瑞對儒學正統之看法，請並參見《海忠介公備忘集》，光緒三十一（一九〇五）年本，卷十之十；《海剛峰集》，叢書集成本，卷下之頁五四—六二；《元祐黨籍碑考》，叢書集成本。以上各材料現俱已收入陳義鍾編：《海瑞集》（北京：中華，一九六二），特別是頁三〇七—三二九、四九三—五〇四及五一四—五二三。

作用，同時這些人為因素亦涉及到整體性的政治環境。另一個我們無法解答的問題就是關於今日吳晗的海瑞事件，在大陸上是否也有像明代一樣的制度來維護任何暗示性的批評（不是指海瑞那樣強烈的直接批評）？今天已沒有任何史官紀錄可供我們查考，也許我們永遠不會知道實情，因為現在已沒有史官，甚至沒有人提出須要設立這種獨立的史官。

一九七七年巴黎高等實用研究學院院長貝德漢姆（Charles Bettelheim）辭去「中法友好協會」會長的職位，他曾發表演說抱怨那些弄權趕走四人幫的當權派並未提出任何思想的關鍵問題，就展開這場鬥爭，對四人幫毛派的罪行亦沒有公正的交代[10]。因此，他認為反四人幫運動只能視為是一種毫無原則性修正主義的叛亂。中共官方的紀錄至今尚無法使我們否定貝德漢姆的看法。不過當初那些激烈的四人幫分子何嘗不也是如此！他們鬥爭別人時略無遲疑，更為激烈。他們沒有法庭，不公開審判，也沒有任何控訴的紀錄：他們對付彭德懷、劉少奇、吳晗都是如此。

上面我曾經談過中國皇朝時代的兩種制度：經筵的研討及史官的寫作，認為它們能鼓勵並維護官吏的言論自由。若有時間的話，我還要分析其他像御史臺、諫院或都察院的機構。這種監察機構的主要任務是調查官吏的不法行為，再向朝廷報告。諫官或都御史的任務在於「聲張不平」及糾正上層官吏的不法行為，海瑞是一位聲張正義的御史。除此之外，宋明還有書院，暗中支持獨立批評的思潮。由於理學思想的興起，地方學院成為傳播儒家思想的場所，朝廷視之為異端邪說的溫床。這些書院還設立文史哲圖書館，儲藏各種文獻紀錄，是當時朝廷所無法管束的學術自由地方。

有些人認為這一類反朝廷的活動有許多缺點，主要由於反對派本身的階級，他們只能代表一小群有涵養的學者官吏，這一類英雄式的犧牲行為類似西方中產階級的個人主義運動，無法全面性的為人民利益服務。他們的犧牲只是一種個人平白的犧牲。

這種說法很有道理，最近幾百年來，有些人對這種道德理想主義持相反的意見。與海瑞同一時代的一些學者認為這一派儒家思想不合實際，對個人作無節制的要求，又要求個人為真理作無條件的犧牲。另一派較為實際的儒家學者自知個人的

---

10 Neil G. Burton and Charles Bettelheim: *China since Mao*（《毛澤東以來的中國》）（New Yok: Monthly Review Press, 1978）, pp. 9-13, 37-116.

力量有限，無法扭轉大局，因此轉向基本制度方面求改進。在這一系列講座中，我曾經以黃宗羲為這種趨向的代表。當時的儒家已看到像海瑞一類人物的行為受到當時的環境與制度很大的限制。換句話說，儒家的階級背景及個人傾向並沒有因此使他們看不到個人主義在當時歷史環境的限制。

黃宗羲對朝代制度的批評議論遭到滿清政府的嚴禁，他的評論直到十九世紀後期才流傳開來。清末的改良主義者與革命分子認為黃宗羲是中國民主運動的先鋒，然而西方人看法不同，他們不認為黃宗羲是「中國的盧騷」，因為西方人無法了解黃宗羲所根據儒家自由思想的傳統。事實上，黃宗羲是這種思想的傳播者，但以西方學者的眼光來看，黃宗羲不過是一個假冒偽善，中國專制政治的傳聲筒。二十世紀的中國年輕人，多半覺得西方救世性的革命思想要比黃宗羲那種飽經世故的智慧更能吸引人。主要因為黃宗羲所寫的古文，現代的年輕人多半看不懂。當我在中國大陸的大學裡聽中國學者敘述四人幫的專制行為及文化大革命的恐怖事蹟時，我聯想起黃宗羲所說的話，他一再強調要維護法律的尊嚴、學術的獨立自由及分散權力。

我們不能忽視毛澤東也曾經想處理中國政治生活中一些歷史悠久的問題。套句格言：征服者馬上得天下，而不能馬上治天下（也就是說中國只能用文官制度來統治）。毛澤東以革命的手段破壞舊的體制，後來他發現在黨的專制政策庇護下，一種勢力龐大難以駕馭的官僚主義重新出現。毛澤東無法眼睜睜的看著官僚主義的再生，他發動文化大革命決心剷除舊有的制度的殘餘。他運用一種他最熟悉的戰略，就是發動群眾從事長期的游擊戰，又以相同的原則從事游擊政治。毛澤東利用好戰的紅衛兵來攻擊中共政府與政黨中的違法官員。

假如在這方面毛澤東能成功而不搞垮中國的話，那真是宋明理學家作夢也想不到的。「文化大革命」後，官僚制度與科學技術還是留了下來，這種官僚體制和科技到底應該朝向什麼目的？用什麼社會思想來引導它們的發展？在這方面，毛澤東深深感覺到純科技性的教育與實用主義政策，會威脅到一種具有革命性的平等主義。然而暴力革命已徹底失敗，漸進主義與改良主義開始受到歡迎，視為唯一可行的辦法。一九四八—一九四九年及最近的無產階級文化大革命，可以說是一連串暴力革命的重複，然而實際上，並沒有解決中國根本的病症。

經過三十年的激烈變化，中共現有的政權很矛盾的談到須要改良，須要現代化。他們派遣訪問團、代表團及學生去追求西方新的知識及科技，同時也邀請無數的外國專家來討論解決許多問題。這種跡象充分表示中國不斷的須要有知識的階級來領導，在傳統的社會裡，這種需要是由儒家的學者來擔任。假如我們今天要尋找一些制度的基礎，希望在這個基礎上能建立更自由的態度與價值，那就是教育與司法制度，就是中國大陸所面臨的中心問題[11]。

在七〇年代間，一般人由於在革命時都有一段可怕的經歷，因此希望執政者行使職權時，在法律方面能給予保護。然而要建立一種更自由的秩序卻有待來日的發展。另一方面，我們不能低估這種抵消的力量，顯然，一些有自由傾向的領袖們還要顧慮到他們行使職權的權力，因此所謂的自由化也只能在有限的範圍內展開。假如中共當局遭遇到挫折時，有一段時間會感到他們與蘇聯的共產陣容有共同的興趣，並需要相同的政治結構來維持政權。雖然中共對於波蘭的愛國主義十分同情，然而他們不會批評波蘭的軍事統治。因此對中共來說，這種自由思想的傳播只許限於波蘭地區，不然它會變成反對蘇聯的一種武器，也可能變成破壞中共執政者政權的力量。史達林的肖像雖然不見了，然而他的地位無法以波蘭工會會長雷克·華雷沙（Lech Walesa）來取代。

由於共產黨與中國政治傳統制度本身難以改變，我們對於中國自由化的前途不能太樂觀，但也不完全悲觀。雖然中國並沒有多元性政治的經濟或社會基礎，但是中國人民由於「文化大革命」恐怖的經驗，普遍的要求法律的保護，這種心理上的要求並不只限於一般群眾，就連高層階級的領導人物也包括在內，他們曾受到「四人幫」的破壞。

可惜今天沒有史官，我們不知道個人或集體領導如何在大陸高層政治領導中，將革命的恐怖狀態中止，而形成像現在有限的自由局面。北京當局顯然認為值得平反海瑞事件與吳晗的劇本，主要因為海瑞的例子與他們的生活經驗相同，不管經過多少年，多少次「革命」的變化，對他們來說，更自然的要尋找中國歷史上的典型人物來認同，這要比外國人物來得親切。由於作者吳晗能體認海瑞，所以他會寫這樣的劇本。吳晗發現海瑞可以作為他個人勇氣的模範，可以激發他抗議的勇氣。我們知道海瑞也從過去歷史中尋找相同的典型人物來對證，他依據幾百年來所建立的制度在朝廷上為自己做辯護。這種制度就是要維護誠實的批評，認為是一種忠實的反對輿論。

11　這種關係的衝突性格在Merle Goldman的*Chinese Intellectuals*有很出色的討論。

這種傳統看起來像一根脆弱的線，非常細小，不足以稱為是一種自由思想的「傳統」。但我們要說明的是即使儒家的道統本身也是很脆弱的，很「暫時的」。但只要是讀過書的人，這一類的思想仍然可以對他們產生很大的影響。古人與今人雖然環境不同，但這種道統仍然能延綿不斷。

現在中國大陸一般人對於過去的中國或外國都非常感興趣。許多歷史上的資料在文化大革命時不准任何人使用，現在又重新公開了。人們尋回過去的資料，就好像發現新大陸一樣非常興奮，尤其對中國人來說，能夠尋回他們本身的傳統更是感到滿足。

在這個過程中，許多史家和哲學家又開始作起研究了。有些事實過去不准研究，有些必須以狹窄的思想來解說，因此歷史家或哲學家就不真正嚴肅的去研究。現在的口號是「實事求是」，可以說又回到十七世紀治學的方法，所有的問題重新以開放的精神來研究，像宋明理學以及產生於一九一〇──一九二〇年間的新文化運動的自由思想等。

前面所說「儒家的自由傾向」到了五四運動時變得非常暗淡（何以會有這種情況產生？此問題頗複雜，已經超出我今天所講的主題）。當時的新文化運動與宋明理學的看法似乎相對立，五四年代的中國青年人認為宋明理學是一種反動制度，尤其是一九二〇年左右提倡新文化運動的分子，他們剛開始接受西方教育，往往與傳統儒家學識脫節，對於我剛才所提到的思想家與作品並不熟悉，然而他們的思想無形中也受到宋明理學的影響。這些知識特權分子很快地將西方的自由主義與早期傳統的文人搭在一起，這種從西方來的新趨向能夠擴大他們自由的範圍。然而西方的自由思想是靠法律與人權的觀念來維護。這種廣義的自由，這些二〇年代晚期的年輕人還不太了解，他們滿腦子充滿個人自由主義，甚至於浪漫地投向無政府主義。他們認為儒家的社會制度是進步的絆腳石。就個人來說，他們心理還有對舊式社會的責任感，而西方新的教育使他們無法接受傳統的思想或負起社會的責任[12]。

不過這種新的形式只是一部分而已。孫中山先生看出中國並不缺乏個人主義，相反的是個人主義氾濫。作為一個國家的建設者，孫中山認為中國人是一盤散沙，中國人那種個人主義的行為以建立現代民主制度的觀點來看將會非常失望[13]。孫中

12　見山井勇：《明清思想史の研究》（東京：東京大學出版社，一九八〇），頁二二三以下。

13　英譯見 *Sources of Chinese Tradition*, pp. 814-818.

山或許不會將這種根深柢固的缺點歸咎於新儒學思想，他更不會知道十七、十八世紀時已有人提過與他相同的批評。當時人雖非就建國之立場發言，但指出過分強調心的自主性一定會破壞社會秩序或削弱政治權威[14]。

雖然目前開放自由的過程有煞車的現象，但是我認為這只是一種警告而已，還不是全盤的否定。以長遠的觀點來看，傳統的中國與其他共產世界一樣，開放自由與鎮壓這兩種不同的趨向將繼續搏鬥下去。今天在中國，有一部分現實主義者認為如果自由開放政策失去了控制，個人主義將會混亂的發展，社會將進入無政府狀態。許多人認為這種無政府主義的危險是來自西方，這是逃避某些思想的看法，這些思想事實上是出於中國本身的傳統。另外一部分現實主義者或實用主義者認為這種鎮壓將付出很高的代價，會破壞人民勞動的意願，產生思想上的停滯，使中國永遠無法達到「現代化」的目標。

這種腳踏實地的態度驅使我們來回頭看古今中國的一些老問題。例如教育便是一個後來都認為十分重要的環節。本世紀初，中國的教育學者對於教育的擴張頗為樂觀，但何以至今中國受過高等教育的學生卻只占高中畢業生的百分之四呢？為什麼還是只教育出來一批只知服務國家利益的少數受惠者呢？為什麼大家對這種教育的批評仍不出明朝陳獻章、黃宗羲的內容呢？我們應怎樣說明中國的生活方式會這樣根深柢固而後來的批評又是那麼一成不變呢（至少在中國大陸是這樣的）？

在討論這些問題時，我們倒有一個機會。當學者在利用中國的改革運動來重新評價新儒學的改革主義時，我們正好也可以重新檢討我們對自由主義及自由教育的一些假設。對西方人來說，若把「自由主義」放在狹窄的文化層面來加以定義，那麼這只會破壞它的理想，而且必定失敗；相同的，對於新儒家的了解也一定不可以把它限於某一學派的說法[15]。如果認為自由主義唯有存在於過去的西方，認為是舶來品，不能與中國的生活及文化方式融合的話。那麼這也可能因此反而破壞了讓它從自己的根本自然地滋長的機會，更也破壞了今日世界，和平生存而必然要接受的文化交流。孔子對這種事的看法很值得我們接受——我們現今手上所有的機會正足

14 同前註，pp. 768-770, 809.

15 此點在我討論十七及十八世紀德川日本的思想時已指出，以後我會進而討論中國的情形。參見de Bary: “Sagehood as a Spiritual and Secular Ideal in Tokugawa Neo-Confucianism”（〈德川新儒家中聖人的理想義與世俗義〉），見de Bary, ed.: *Principle and Practicality*（《理學與實學》）（New York: Columbia University Press, 1979）, pp. 139-172.

以使大家切磋相益，以有餘補不足。就是宋明理學的看法也是一樣的：自任於道，講學之，以擔負天下的重任。

在文化大革命早期，我曾這麼說過：

中國人認為「道」是一種生長的過程，也是一種向外擴張的力量。同時根據孟子的看法，如果「道」無法從他們本性中發現的話，那麼「道」不可能是一種真實與純真的正理。不是內發的「道」，將是一種外來的，同時有異於它們最基本的本性。在中國人近代的經驗中很不幸的失去了這種直覺的本性，在現代化過程中也暫時失去了他們的自尊，放棄將新的經驗與固有的傳統消化溶解。將所有的價值都看作是從西方來的，或將所有的價值都以將來為目標，而不扎根於他們的過去，這種態度使近來的中國人無法從他們的本性中找到「道」的真理，這種脫離自己根源的結果與它強烈的影響，在文化大革命中尤為明顯。然而我們可以很肯定的說這種真理的成長並不因此而停止，只是暫時被遮蔽。中國人民新的經驗將從內心成長起來，而不再是一個單純從外邊輸入的革命。16

我上面所說的與錢穆教授在引言中的精神相附和。在這講座的演講中，他提過要重新討論中國的歷史文化與現代世界間的微妙關係。錢穆教授曾經強調每個人的第一個責任在於了解與保衛他自己的文化。那麼第一件該做的是什麼呢？首先就應當了解說中國人的生活方式是來自它本身的傳統，我們不能將西方的觀點套在中國文化上。中國人對生活的基本態度與西方不同。錢穆教授指出西方的方法是將事物歸類、分析和分離，西方的趨向是將事物孤立起來加以個別處理。相反的，中國的方法是以整體的觀點來看，以謀取調和、調節、統一和協調。中國人一向重視團體行為、家庭的團結、過去傳統的延續更甚於個人的「英雄」事功。

我個人討論宋明理學的個人主義時，也曾經發現中國這種精神與現代西方思想有所不同。在我寫完這篇文章之後，才看到錢穆教授在這一系列講座中所發表的文章，我發現我們的觀點常常不謀而合。然後我們兩人所強調的不同處有些是可以想像的，有些是想像不到的。錢穆教授在強調中國過去傳統的延續中，多少持著保守的觀點，他表示中國的觀點有別於西方求新和個人主義的要求。所不同的是，我認

16　de Bary, ed.: *The Unfolding of Neo-Confucianism*, p. 32.

為在宋明理學中也有新的而自由的思想，而個人在這種思想的啟發中表現得很勇敢。這種不同雖然很明顯，然而基本上是一致的，我們兩人都是站在同一陣線上說話。錢穆最大的貢獻就是維護中國傳統的觀點以對付西方外來的影響。對我來說，賡續他所開始的討論主要在重申中西兩個不同的傳統也有某些相同的價值。

我們兩人採取反過來的立場，這似乎很矛盾。錢穆曾經說過西方的方法在於爬梳分析，而中國的方法主要在謀求統一和延續。但在這裡錢穆將中西分離，說中國有別於西方。而我則相反的在尋求中西雙方相同之處。如此看來，錢穆似乎是採取西方的觀點，而我採取中國觀點。

如果魯迅還活著的話，他可能會尖刻的諷刺我們，說錢穆戴上西方面具，而我戴上中國面具。我想錢穆已經能夠解釋這個問題，他說，「個人自由」與「人權」都是西方的觀念[17]，我們應該將這些觀念放在一邊，而研究中國歷史上的經驗應該從中國的傳統出發，如果能做到這一點，我們每個人就都可以將這些現象的特徵作個人主觀的評價。錢穆說：「我並不反對每個人用他自己的見解去批評這個對，那個不對；這個好，那個不好，這是個人的自由。」[18]

我這些演講所要說明的不外就是維護上述自由的思想。但這些思想並非錢穆所說是西方的，其實是中國文化傳統中固有的觀念。在今天的世界裡，人民的交往日趨緊密，我們雙方採取對方的思想態度，目的是希望能夠了解對方的構想。在這個過程中，不但發現我們各別文化獨有的特徵，同時也發現在人性上的共通的觀點。

17 錢穆：《民族性》，頁七三。
18 同前註，頁七四。

附錄

迎狄培理先生來新亞書院講學

金耀基

一

三十三年前，新亞書院在香港誕生，它孕育於一個偉大的學術文化理想。這個理想就是要承繼中華傳統，開展中國文化。此一理想的標立，乃是有感於中華文化傳統百年來受到多種勢力的侵壓與歪曲，使它的真貌與精神無由彰顯，且衰微傾圮，不絕如縷，是以錢賓四等諸先生於流浪、憂患無已的困境中發願建校，以振興中國文化為情志所在，故新亞之建立，實象徵中國讀書人對中國文化之信念與大願。誠然，新亞理想的落實，端賴我們長期與多方面之努力，而天下之大，東海、南海、西海、北海，必多有對中國文化抱持與新亞同一情志者。同時，我們相信，在今日萬國交通，天下比鄰的情形下，學術已日趨世界化，中國文化不發展則已，發展則必成為為世界文化之一個重要組成。一九七七年秋，我們提出了一個建立「新亞學術講座」的構想。這個構想是這樣的：

「『新亞學術講座』擬設為一永久之制度。此講座由『新亞學術基金』專款設立，每年用其孳息邀請中外傑出學人來院作一系列之公開演講，為期二週至一個月，年復一年，賡續無斷，與新亞同壽。『學術講座』主要之意義有四：在此『講座』制度下，每年有傑出之學人川流來書院講學，不但可擴大同學之視野，本院同仁亦得與世界各地學人切磋學問，析理辯難，交流無礙，以發揚學術之世界精神。此其一。講座之講者固為學有專精之學人，但講座之論題則儘量求其契扣關乎學術文化、社會、人生根源之大問題，超越專業學科之狹隘界限，深入淺出。此不但可觸引廣泛之回應，更可豐富新亞通識教育之內涵。此其二。講座採公開演講方式，對外界開放。我人相信大學應與現實世界保有一距離，以維護大學求真理之客觀精神，但距離非隔離，學術亦正用以濟世。講座之向外開放，要在增加大學與社會之聯擊與感通。此其三。講座之系列演講，當予以整理出版，以廣流傳，並盡可能以中、英文出版，蓋所以溝通中西文化，增加中外學人意見之交流。此其四。」

在這個構想下，我們第一個創設的是「錢賓四學術文化講座」。其中心旨趣不外在匯聚世界第一流研究中國文化學人之智慧，以顯發中國學術文化之潛德幽光。一九七八年秋，錢賓四先生重臨他闊別多年手創的新亞，主持講座之首講，講題是：「從中國歷史來看中國民族性及中國文化」。當時，錢先生已八四高齡，且困於黃斑變性眼疾，惟先生連作六講，一絲不苟，足見先生對此講座之重視，而其對中國文化情之厚、信之篤，固表露無遺矣。一九七九年十月講座第二位講者是科學史的權輿劍橋學者李約瑟（Dr. Joseph Needham），主講「傳統中國之科學：一個比較的觀點」（Science in Traditional China: A Comparative Perspective），在一系列的五次講演中，他將其畢生治學精華濃入淡出，在宏偉的世界科學宮殿中客觀地突顯了傳統中國科學的光輝。李約瑟博士之講演，拓展了中國文化的視野，使中國人在現代科學的研探中，獲得最真切的鼓舞。一九八一年講座的第三位講者則是日本京都大學名譽教授小川環樹教授，小川教授是日本研究中國古典文學的第一線學者，他主持的「風景在中國文學上之意義與其演變」的一系列講演，細緻地透露了他對中國詩學的特到見地，他之來新亞，實是中日學術交流史上的重要一頁。

二

一九八二年講座的講者，我們決定敦聘美國哥倫比亞大學擔任「梅遜講座教授」（John Mictchell Mason Professor of the University）的狄培理先生（William Theodore de Bary）。這是由於狄培理先生不但在新儒學方面有卓越的成績與貢獻，並且在中國思想研究的推動上，他在美國學術界起了不平凡的領導作用。

美國在中國文化的研究上，較之西方歐洲許多國家，歷史是最短的，開國時代的賢哲，如華盛頓、富蘭克林，誠然對中國文物思想頗多嚮往，但當時美國對中國，乃至整個東方的認識是極為浮光掠影的。此後，像艾默生、梭羅等少數俊傑雖然對中國文學哲學的境界有一種欣賞之喜愛，但十九世紀的美國知識界對中國的了解仍不脫皮相耳食，且在在以歐洲為馬首是瞻。一般言之，一八九一年理雅各中國經典譯品的問世為英語世界研究中國思想與哲學奠立了基礎；而美國也大約從這時候開始才有較為嚴謹的學術性探索，二十世紀三〇年代之後，中美學術界交流加增，中國研究在美國在質與量上皆有大進，光景一變。二次大戰之後，美國學術界對中國之興趣有增無減，各著名學府多有中國學科之設，研究亦日趨多元化、精緻化，大大越出傳統漢學之範圍，由於人才匯聚，資源豐沛，中國研究蔚成大國，成績斐然可觀，美國隱然已成為中國研究之重鎮。惟美國學術界之主流，沿循了五四反傳統的脈絡，對儒家思想之價值自覺與不自覺地懷疑多於肯定，且大都認為中國文化傳統已到了山窮水盡之境或且直以為儒家學說是中國現代化之根本障礙。中國文化傳統中潛隱與顯性的問題，在這個嚴峻的批判過程中固然得到進一步的釐清與披揭，但中國文化思想中內在價值卻也因此陷了深一層的迷障。就在這樣的一個學術風氣和局面下，有一些學人，對中國文化，特別是新儒家思想，卻抱持更深的同情的了解與反省，他們通過對原典的體會與投入，逐步從儒學本有的思想結構中去掘發它內在的精神活力和自我創造轉化的機運，經由這些學者長年的苦心經營，使向為人所忽略的新儒學逐漸成為一個學術研究的大課題；而新儒學之歷史意義與時代價值亦漸次獲得欣賞與重視，也因此，我們相信整個儒學傳統的評價勢必受到新的考察。誠然，新儒學的研究在東方世界不乏大力推動倡導的老師宿儒，新亞書院的前輩學人如錢賓四、唐君毅、牟宗三、徐復觀諸先生在這方面即作了許多承先啟後影響巨大的工作。惟在美國，則陳榮捷先生最稱老師，而著書立說，策畫領導，使新儒學研究蔚成氣候者，則不能不首推狄培理先生也。

三

狄培理先生，生於一九一九年。他的學士、碩士和博士學位皆得自哥倫比亞大學，此外，他曾先後在哈佛及中國的燕京大學和嶺南大學研究；四〇年代末，他在嶺南大學與陳榮捷教授相交，結下此後數十年學術合作之緣，為中美學術界稱道不已之美事。一九四九年，先生返母校首執教鞭，孜孜不倦以迄於今，垂三十餘年，他的學術生涯可說與哥倫比亞大學密不可分。自一九五三年起先生在哥大陸續出任了大學東方研究委員會主席（1953-61）；東亞語言及區域中心主任（1960-72）；東亞語言及文化學系系主任（1960-66）；卡本德東方研究講座教授（Carpentier Professor of Oriental Studies 1966-79）；大學教務會執委會主席（1969-71）等職，一九七一年起擔任該校綜理學術發展的副校長之職達八年之久。先生不但是一流的學人，且是一流的教育行政長才。他首先發展了哥大大學學院的本科課程，繼而拓展了研究院的東亞研究，此外，又領導主持了一個出版計畫，為通識教育及研究所出版了一百五十本以上的書籍。先生之用心蓋在為哥大重建學術之方向，其主要之目教育計畫以推動學術之更新。在他副校長任內，創立了生命科學、社會科學及人文學的各個中心，建樹宏多，貢獻卓絕。先生於卸脫副校長之重任後，由於該職負荷過重，校方不得不將之一分為三，由三位副校長分而任之，先生精力與能力之過人處於此可見一斑。

狄培理先生之本色是書生，學術是他最根本的趣旨，故無論教育行政如何繁重，他在學術研究上數十年如一日，從不間斷，是以著述不輟，質量皆富。他之研究範圍為東亞思想與宗教，而其著力最多者則是中、日、韓之新儒學。先生對新儒學之興趣發源於早年對明末大儒黃梨洲（宗羲）之研究，對梨洲《明夷待訪錄》一書極之心醉，其博士論文即以是書為中心根源。先生自稱梨洲是他精神上的老師，他之對新儒學乃至整個中國思想之探根尋源可說是以梨洲之學為切入點的，而其方法亦師意梨洲，即從中國傳統的內部本身以發掘儒學之原始義及其開展落實之問題與契機。當狄培理先生進入新儒學之際，新儒學在美國學術界仍是一片荒涼落寞，研究新儒學是一條孤寂的道路。但他在陳榮捷先生等少數學人砥礪切磋下，更從原典的閱讀中獲得信念與興趣；對於新儒學一往情深，不但自己鑽研冥索，樂此不疲，並大力鼓吹，糾合北美志同道合之學人齊力研究，在哥大且開設「新儒學思想專題研究」之課程，更通過各種基金會的支助，召開一系列的國際性會議，延請中美日韓等國學者互相攻錯，使當代研究新儒學者同聲相應，匯成學術動力。狄培理先生治新儒學的心路歷程，旁搜遠紹，不斷加深擴大，在縱的方面說，他由明而上溯元宋，相信明代儒學之精神內涵實上承宋元之餘緒而來，而欲展現其歷史底發展面貌與底蘊；從橫的方面說，他由中國而旁及日本、韓國，認為新儒學絕不止是中國之文化現象，亦是東亞的文化現象，而欲探討其普遍性與特殊性。無疑地，新儒學是思想上一龐大複雜的課題，必須集合一代甚或數代學人的智慧與學力始得有功，而迄今為止，狄培理先生已經編著了五本專書，另外至少尚有四本正在計畫之中。已出版者包括一、《明代思想中個人與社會》（*Slef and Society in Ming Thought*, 1970）；二、《新儒學的開展》（*The Unfolding of Neo-Confucianism*, 1975）；三、《理與實》（*Principle and Practicality: Neo-Confucianism and Practical Learning*, 1979）；四、《道學與心學》（*Neo-Confucian Orthodoxy and the Learning of the Mind-and-Heart*, 1981）；及五、《元代思想：蒙古人統治下之中國思想與宗教》（*Yüan Thought: Chinese Thought and Religion Under the Mongols*, 1982）。無可置疑地，這些書將不止對當代亦且對下一代有志於新儒學學者產生影響。必須指出者，先生學術興趣之焦點固在新儒學，但他的學術視野卻遠為遼闊，確切地說，他的學術觀是世界性的。先生是一位西方人，但他的文化理念是一泯滅「東」「西」之對的世界社會，他肯定東方文化在世界文化中的重要位序。在〈世界社會的教育〉一文中，他嚴肅地指出東方技術的落後絕不可誤以為是東方文化或社會的不成熟。他堅信東方文化應該是西方大學通識教育的一個重要組成。在這裡，他顯然感到西方對東方理解是不足的，故在五〇與六〇年代，在他傾力投入到新儒學之前，先生與一些有心人，全心全意地從事一項介紹和引進東方文化的大計畫。他先後編寫了下列重要的著作，如《東方古典研究法》（*Approaches to the Oriental Classics*, 1958）；《亞洲文明研究法》（*Apprcaches to Asian Civilization*, 1964）；《東方典籍入門》（*A Guide to Oriental Classics*, 1964）；《日本傳統典籍選編》（*Sources of Japanese Tradition*, 1958）；《印度傳統典籍選編》（*Sources of Indian Tradition*, 1960）；《中國傳統典籍選編》（*Sources of Chinese Tradition*, 1960）；《佛學傳統典籍選編》（*The Buddhist Tradition*, 1958）。這一系列著作的出版，不啻開啟了通向東方文明殿堂的大門，也許不算誇大的說，這是英語世界對中國乃至整個東方思想研究的分水嶺。

先生在學術與教育行政上的成就，廣受推崇，所得榮譽不勝枚舉，其犖犖大者，如聖勞蘭斯大學（St. Lawrence）、羅耀拉大學（Loyola）之榮譽博士學位，美國歷史學會之滑吐穆（Watamull）獎，教育出版學會之費雪般（Fishburn）獎，而於一九六九年更榮膺美國亞洲研究學會會長。

四

狄培理先生數十年的學術生涯，簡言之，即在從事承繼中華傳統，開展中國文化的事業，他曾將新儒學運動比擬為歐洲的文藝復興，蓋兩者皆在返本開新，從古典中汲取文化創新之靈源。先生對中國文化有溫情的敬意，但他不是一味地做中國文化的辯護士，他相信中國文化對當代人類有其價值，並對未來世界新社會之建立可以有重要的貢獻，可是他也毫不諱言地指出，新儒學乃至整個中國傳統有其不足與制限，必須不斷自我充實與更新，始能繼續在今天和未來的世界擔當積極的角色。我們深深感到，狄培理先生的情志所鍾與新亞書院不謀而合。一九七九年夏在南港中央研究院舉辦的國際漢學會議中，我當面提出新亞請他擔任第四屆「錢賓四先生學術文化講座」講者的邀請時，他稍作思考，便欣然應諾，並即與我商討講座的時間等問題。去年六月在美國緬因州一次學術會議中，有緣再次與先生聚首。一俟會議結束，他便邀我在庭園中討論今春講座之事，他表示將以「人之更新與新儒學的自由精神」（Human Renewal and the Liberal Spirit in Neo-Confucianism）為講座之主題，其四個子題則是：一、人之更新與道統（Human Renewal and the Repossession of the Way）；二、新儒家教育的自由精神（The Liberal Spirit in Neo-Confucian Education）；三、新儒家之個人主義與人道主義（Neo-Confucian Individualism and Humanitarianism）；四、明代新儒學與黃宗羲的自由思想（Ming Neo-Confucianism and the Liberal Thought of Huang Tsung-hsi）。此一系列的講題，自是先生深思熟慮後的精品，且十分切合時代之需要，其受聽者之歡迎殆可預料。先生予人之印象，溫文莊敬，恂恂如也，的然儒者之風範。在緬因州這次聚會中，更有幸得識狄培理夫人芬妮・白麗德（Fanny Brett）女士。女士與先生結褵四十載，甘苦與共，夫唱婦隨，先生學問事業之成功，女士之功不可沒也！

狄培理先生今春來中大新亞講學，自別有一番親切，蓋新亞乃先生舊遊之地。他與錢賓四、唐君毅等諸先生早年相識，與新亞師生在精神上早多契合。先生另一中國名字「培瑞」即為賓四先生所取，此次又為「錢賓四先生學術文化講座」之講者，可謂有緣矣！在此，我們鄭重地歡迎狄培理先生這位傑出的學人，這位新亞的遠方友人——並祝他們賢伉儷此行愉快。

一九八二年一月二十八日

譯後贅語

本書之譯者除本人外，「導言」、第一章及第三章為臺大黃俊傑教授，第五章為故宮博物院曾堉教授。部分譯稿曾在報刊先行登載。收齊後我再加以修訂，並譯出各章之注，最後則根據狄培理先生英文定稿校訂一過。因此譯稿錯誤不足的地方自然應該由我負責。我謹在此向兩位教授致謝。

李弘祺　謹識

文化叢刊
中國的自由傳統

2017年1月二版 定價：新臺幣260元

著　　者　狄　培　理
譯　　者　李　弘　祺
總 編 輯　胡　金　倫
總 經 理　羅　國　俊
發 行 人　林　載　爵

出　版　者　聯經出版事業股份有限公司
地　　　址　台北市基隆路一段180號4樓
編輯部地址　台北市基隆路一段180號4樓
叢書主編電話　(02)87876242轉212
台北聯經書房　台北市新生南路三段94號
電　　　話　(02)23620308
台中分公司　台中市北區崇德路一段198號
暨門市電話　(04)22312023
台中電子信箱　e-mail：linking2@ms42.hinet.net
郵政劃撥帳戶第0100559-3號
郵撥電話　(02)23620308
印　刷　者　世和印製企業有限公司
總　經　銷　聯合發行股份有限公司
發　行　所　新北市新店區寶橋路235巷6弄6號2樓
電　　　話　(02)29178022

叢書主編　沙　淑　芬
校　　對　吳　美　滿
封面設計　兒　　　日

行政院新聞局出版事業登記證局版臺業字第0130號

本書如有缺頁，破損，倒裝請寄回台北聯經書房更換。 ISBN 978-957-08-4823-6 (平裝)
聯經網址：www.linkingbooks.com.tw
電子信箱：linking@udngroup.com

本書限在台灣地區銷售

國家圖書館出版品預行編目資料

中國的自由傳統/狄培理著．李弘祺譯．二版．
臺北市．聯經．2017年1月（民106年）．208面．
14.8×21公分（文化叢刊）
ISBN 978-957-08-4823-6（平裝）

1.新儒學 2.中國

128 105019935